부처를 닮은 우리 산 이름

부처를 닮은 우리 산 이름

발행일   2022년 2월 18일

지은이   이학송
펴낸이   손형국
펴낸곳   (주)북랩
편집인   선일영   **편집**   정두철, 배진용, 김현아, 박준, 장하영
디자인   이현수, 김윤주, 허지혜, 안유경, 최성경   **제작**   박기성, 황동현, 구성우, 권태련
마케팅   김회란, 박진관
출판등록   2004. 12. 1(제2012-000051호)
주소   서울특별시 금천구 가산디지털 1로 168, 우림라이온스밸리 B동 B113~114호, C동 B101호
홈페이지   www.book.co.kr
전화번호   (02)2026-5777   **팩스**   (02)2026-5747

ISBN   979-11-6836-179-9 03220 (종이책)   979-11-6836-180-5 05220 (전자책)

(주)북랩 성공출판의 파트너
복랩 홈페이지와 패밀리 사이트에서 다양한 출판 솔루션을 만나 보세요!
홈페이지 book.co.kr   •   **블로그** blog.naver.com/essaybook   •   **출판문의** book@book.co.kr

작가 연락처 문의 ▶ ask.book.co.kr
작가 연락처는 개인정보이므로 북랩에서 알려드릴 수 없습니다.

산 이름에 담긴
불교 이야기

부처를 닮은 우리 산이름

이학송 지음

북랩 book Lab

산 이름에 관심을 두게 된 것은 강원도 철원에서 군종장교로 근무하면서부터였다. 그 당시 임무상 많은 지역을 다니게 되었는데, 우연히 길거리에 세워진 안내판에서 생소한 산 이름을 보고, '아니! 우리나라에 저런 산도 있었던가?'라며 놀라움을 금치 못했다. 이후 본인의 식견이 짧고, 경험이 부족함을 탓하며 본격적으로 산 이름들을 찾아보게 되었다. 특히, 내게 화두話頭를 던져준 산 이름은 바로 수입된 산 이름들이었으니, 갈멜산(Mt. Carmel), 시내산(Mt. Sinai), 변화산(Mt. Tabor) 등이 바로 그것이다. 아이러니하게도 낯선 서양 산 이름을 통해 우리나라 산 이름에 관심을 두게 된 것이다.

이후 전국의 산 이름을 살펴보며 정리해 보았다. 그랬더니 같은 산 이름이 전국에 여러 군데 분포된 경우도 있었고, 그중에는 특히 불교 사상을 담고 있는 산 이름도 많았다. 오대산처럼 산 전체를 가람으로 생각하고 산과 봉우리에 부처님 이름, 보살 이름, 고승 이름 등을 붙인 경우도 확인할 수 있었다. 그 뒤로는 산을 찾을 때마다 산 이름을 알아보기 시작했다. 우리에게 알려진 명산 말고도 집 주변의 작은 뒷산이나 봉우리에도 좋은 이름들이 많이 있다는 것을 알게 되었다. 그렇다면 수없이 많은 산 이름, 봉우리 이름, 땅 이름은 과연 누구에 의해, 어떻게 지어졌을까?

경외심으로, 때로는 감사하는 마음으로, 때로는 미지의 이상 세계로, 혹은 우리 중생들을 내려다보고 지켜봐 주시는 부처님으로, 오래도록 기억하고 싶은 큰스님으로 산 이름을 붙여 영원히 이 땅에 남기고 싶은 간절한 염원으로 지었을 것이다. 이름을 지을 때의 그 간절함과 정성이 산 이름으로 남아 오늘날까지 이어지고 있음을 생각할 때 우리가 어찌 소홀한 마음으로 산 이름, 봉우리 이름을 대할 수 있을까. 이 방면에 관심을 두다 보니 땅 이름이나 산 이름에는 오랜 세월을 지나오는 동안 많은 사람의 혼과 생각과 지혜가 스며있음을 피부로 느낄 수 있었다. 특히 국토의 70%가 산인 우리나라는 우리 조상들의 삶과 산이 둘이 아닌 하나였다.

삶에 지쳐 있을 때 포근한 어머니의 품처럼 느껴지는 산도 있었고, 모든 어려움을 없애주는 부처님처럼 내려다보는 산도 있었다. 그래서 슬기로운 우리 조상들은 먼 옛날부터 신중에 신중을 더하여 정성스럽게 산 이름을 지었을 것이다. 이러한 산 이름에는 참으로 많은 인연과 깊은 사상이 담겨 있다. 그래서 옛날 그 당시의 풍속이나 생활상을 되비쳐 볼 수 있는 거울이 되기도 하고, 문화 수준이나 철학적, 사상적 깊이를 측정할 수 있는 잣대가 되기도 한다. 또한, 산 이름에 관한 이야기 그 자체가 바로 이 땅의 살아 있는 역사가 되기도 한다.

그러나 시간이 지나면서 당시 이름을 지었을 때의 간절함과 의미가 변해버린 곳이 생겼고, 산 이름에 담긴 조상들의 염원이 현실화하기는커녕, 오염과 개발이라는 핑계로 그 아름다운 뜻마저 사라지고 있는 곳도 많았다. 때로는 의도적인 왜곡 때문에 본래의 좋은 이름이 사라져 가기도 했고, 좋은 뜻을 알지 못하여 그 의미가 축소되는 예도 있었다. 땅 이름도 그러하지만, 산 이름은 특히 역사성과 사회성을 띠고 그 이름이 맥을 이어오고 있다. 그러기 때문에 이 시대를 살아가는 우리는 땅 이름이나 산 이름에 담긴 조상의 지혜를 제대로 알아야 한다. 그리고 그 의미를 잘 보존하고, 많은 연구를 해야 한다. 산 이름 자체가 수많은 세월을 지내오며 우리의 전통 문화유산으로 존재하고 있기 때문이다. 그래서 다시는 선조들의 훌륭한 전통이 왜곡되고, 단절되는 일이 있어서는 안 되겠다.

아울러 여전히 우리 삶의 터전인 산에 관한 관심이 지속해서 일어나기를 발원發願한다. 지금도 인천 청량산, 경남 미륵산, 강화 길상산, 경남 천성산, 삼각산, 도봉산, 사패산, 수락산, 불암산, 부산 금정산, 광주 무등산 등 전국의 크고 작은 산들이 터널 관통과 도로 개설로 인해 많이 훼손되고, 무차별적인 개발로 인해 심각한 지경에 이르렀다. 눈앞의 이익과 편리만을 내세운 개발은 오래가지 않아 엄청난 손실을 주게 되며, 심각한 경우 국가적인 재앙이 될 수 있다. 그러므로 비록 비용이 많이 들고, 개발이 조금 느리게 진행되더라도 먼저 환경을 충분히 고려하여 개발이 이뤄져야 할 것이다. 이 국토와 아름다운 산들은 미래의 우리 후손들에게 그대로 물려줘야 하는, 우리가 잠시 빌려 쓰고 있는 자산資産이기 때문이다.

이 글은 전국 지역별로 주요主要한 산과 그 이름에 담겨 있는 불교적 의미를 오늘의 관점에서 풀어보며 우리가 잊고 있는 중요한 문제를 되새겨 보자는 데 의의가 있다. 직접 산을 가보고 쓴 글이 대부분이지만, 상황이 여의치 않아 직접 가보지 못하고 자료를 참고하여 쓴 글도 몇 편 있는데, 이것은 차후 보완하고 싶다. 특히 북한 부분은 자료가 부족하여 〈대동여지도〉 등을 참고하여 썼는데, 아쉬움이 많이 남는 부분이다.

막상 책을 내고자 하니 부족한 점이 많아 부끄럽다. 하지만 이 책을 통해 산 이름에 대해 더 많은 관심이 생기고, 다양한 자료가 발견되어 이 분야에 대한 문화운동이 활발하게 일어나기를 기대하며 감히 용기를 내게 되었다. 독자 제현의 질타와 많은 관심을 기대해 본다. 끝으로 넓은 아량으로 졸고拙稿를 펴내주신 북랩 손형국 사장님과 김회란 본부장님, 정두철 팀장님 등 편집진 여러분에게 깊이 감사드립니다.

2022년 2월

목차

5부 전라도

1부

서울시

서울의 평안함을 기원하는 큰 법당, 북한산(北漢山)

삼각산三角山은 최고봉인 백운대를 중심으로 북쪽에 인수봉, 남쪽에 만경대 등 세 봉우리가 주산을 이루고 있어 지어진 이름이나, 오랫동안 북한산北漢山이라는 이름으로 불려오다 2005년 말에 국립지리원에 의해 공식적으로 삼각산이라는 원래 이름을 되찾았다. 그런데 삼각산 봉우리 이름을 잘 살펴보면 삼각산 전체가 불교사상을 담아내고 있는 '변상도變相圖'와 같음을 알 수 있다. 세 봉우리를 중심으로 가운데 석가봉, 문수봉, 보현봉이 있어 석가모니 부처님을 본존불로 모시고(석가봉), 협시보살인 문수(문수봉), 보현(보현봉)보살이 서 있기 때문이다. 이어서 나한봉, 원효봉, 의상봉, 승가봉 등의 봉우리들이 줄지어 있어, 삼각산 봉우리 이름을 차례로 읽어나가면 마치 예불 드리는 장면이 저절로 연상된다. 부처님과 제자들, 많은 선지식(나한봉), 이 땅의 큰스님 원효, 의상, 그리고 수많은 스님들(승가봉). 그렇다! 삼각산 전체를 하나의 가람으로 생각하고 여러 보살님의 이름을 붙여 삼각산을 쳐다보기만 해도 예불을 드리는 거대한 절로 만들어 놓은 우리 조상들의 지혜가 숨어 있는 것이다. 그래서 먼발치에서 삼각산을 쳐다보면서도 부처님을 뵙는 겸손한 마음으로 삼각산을 사랑하며 후손들에게 물려준 것이다.

그러나 물질문명 시대를 사는 이 시대의 사람에게는 삼각산이 부처님 세상 같은 경외의 대상이 아니라, 자신의 욕망을 채워줄 재산 가치로만 보였다. 그래서 산을 경제적 가치로 생각한 옹졸한 현대인은, 산의 생명선이라고 할 마지막 보루인 그린벨트마저도 경제 논리를 앞세워 야금야금 깎아 들어가고 있다. 그리고 산을 단순히 스트레스 해소의 장소로만 생각하고, 먹고 즐기는 욕망 분출의 장소쯤으로 생각하는 사람도 많이 있다. 이런 종류의 사람들은 산의 생명력을 느끼지 못하기 때문에 함부로 나뭇가지를 꺾고 쓰레기를 아무 곳에나 버린다. 대자연의 품속에서 공동체 의식을 느끼지 못하고 자기중심적인 행동을 한다. 숲속의 자연생태계 시간표를 무시하고 아무 때나 고함을 지르거나, 자신의 몸에 좋다는 믿음 하나로 나무에 몸을 계속 부딪치기도 한다.

길가의 나무들은 사람들의 손길에 다리미질을 당하여 말라 죽어가고 있다. 자신의 형색은 화려하게 꾸미면서도 산에 올라서는 수많은 쓰레기를 아무 생각 없이 버리기도 한다. 설악산이나 지리산 같은 명산에서 쏟아져 나오는 쓰레기의 양은 엄청나다. 그런데도 오늘도 산을 찾는 대부분 사람은 산을 사랑하는 산악인이라고 자부한다. 아무런 죄책감이나 부끄러움도 없이 말이다. 인구 천만 명이 넘는 대도시 서울을 둘러싸고 있는 삼각산도 이런 수많은 중생 때문에 눈물을 흘리고 신음하고 있다. 진정으로 산을 좋아하는 사람들은 산을 두려워하고, 같은 산이라 할지라도 오를 때마다 새롭고 신선한 기운을 느낀다. 그러기에 산을 살아 있는 생명으로 받아들이고, 산과 내가 하나 됨을 느끼는 것이다. 그리고 그 산의 이름에 담긴 의미를 온몸으로 받아들인다.

다시 한번 삼각산을 찬찬히 들여다보자. 온 중생의 자비로운 아버지이신 석가모니 부처님을 석가봉 이름으로 모시고, 석가모니 부처님 좌우 보처 보살인, 지혜의 상징 문수보살을 잊지 않기 위해 문수봉이라 이르고, 무한한 자비 실천으로 모범을 보인 보현보살을 그리워하며 보현봉이라 이름 지었다. 계속해서 수많은 수행자를 의미하는 나한님들을 나한봉으로 배치하고, 이 땅이 낳은 큰스님 원효스님을 원효봉, 의상스님을 모신 의상봉, 용맹정진으로 수행하는 여러 스님을 승가봉으로 나타낸 삼각산이야말로 장엄하고 입체적인 부처님 도량인 것이다. 참으로 깊고 넓은 선조들의 종교관과 세계관이 삼각산에 펼쳐져 있음을 우리는 기억해야 할 것이다. 지금부터라도 이름에 걸맞은 삼각산을 만들어 후손들에게 부끄럽지 않은 문화유산을 전해 줘야 할 것이다.

* 현실에서는 북한산이 압도적으로 많이 쓰이고 있어 내용에서는 삼각산, 제목은 북한산으로 했다.

파사현정의 호법신장이 머무는 곳,
인왕산(仁王山)

인왕산仁王山은 서울시 종로구와 서대문구에 걸쳐 있는 화강암 산이다. '인왕'의 한자 표기는 본래 '인왕(仁王)'인데, 언제부터인가 '인왕(仁旺)'으로 잘못 쓰고 있다. 《신증동국여지승람》(한성부)에 '인왕산(仁王山)'으로 표기되어 있고, 〈대동여지도〉, 《택리지》 등에도 '인왕산(仁王山)'으로 되어있어 원래대로 '인왕산(仁王山)'이라 표기함이 마땅하다. 어디서부터 잘못되었을까? 일본이 식민 지배 시절 '일본'을 뜻하는 '일(日)'자를 붙인 '왕(旺)'자로 바꾸었다는 의혹이 가장 신빙성이 있는 것 같다. '인왕(仁旺)'은 글자로나 어원상으로나 아무 뜻도 없지만, 본래 이름인 '인왕(仁王)'은 어원이 확실하기 때문이다. 원래 이름인 '인왕(仁王)'은 절 입구의 좌우에서 절을 지키는 금강역사를 말하는데. 집금강執金剛, 금강야차金剛夜叉라고도 하며 손에 금강저를 들고 불법佛法을 지키는 대표적인 호법신장護法神將이다.

금강역사는 파사현정(破邪顯正)으로 표현된다. '삿된 것을 깨트리고, 올바름을 드러낸다'는 파사현정은 어느 시대든지 필요한 진리이다. 외형상 우락부락한 모습을 한 금강역사를 보고 두려워하는 사람들도 있지만, 금강역사는 정의의 파수꾼이기 때문에 죄를 짓지 않은 사람들은 무서워할 이유가 없는 것이다. 금강역사는 절을 지키는 경호원과 같은 존재라 나쁜 의도를 지닌 자들에게만 무서운 존재가 된다.

이외에도 '인왕'은 인왕경, 인왕회 등의 이름과도 함께 쓰이며 불교사상을 잘 나타내고 있는 말이다. 《인왕경仁王經》은 '인왕반야바라밀경' 또는 '인왕호국반야바라밀경'인데, 줄여서 《인왕반야경》 또는 《인왕경》이라고 한다. 《인왕경》은 국가를 정당하게 잘 지켜 영구히 번영케 하는 근본정신을 밝힌 경전이다. 부처님 당시에 인도는 많은 국가가 있었고 전쟁이 끊이질 않았다. 세계의 역사를 살펴보아도 크고 작은 전쟁 속에 많은 국가가 사라지고 새로운 국가가 세워지기도 한다. 그러니 어떻게 하면 자기 나라를 잘 지킬 수 있는가 하는 생각이 당연히 있었을 것이다. 《인왕경》은 그런 질문에 대한 답이라고 할 수 있다.

《인왕경》에서는 이 문제에 대한 답을 듣기 위해 크고 작은 16나라의 국왕이 부처님을 모시고, 세미나를 여는 장면이 연출된다. 대표 주자로 파사익왕이 질문하고 부처님의 답변이 시원스럽게 터져 나온다.

"어떻게 하면 나라가 편안하고 백성들이 행복하게 살 수 있습니까?"

"나라가 편안하려면 마땅히 반야般若를 이해하고 실천해야 합니다."

나라를 잘 지키기 위해서 국방비를 많이 투자한다든지, 경제를 튼튼하게 해야 한다는 식의 이야기가 아니라, 반야바라밀다를 알아야 한다고 대답하고 있는 것이다. 그러므로 《인왕경》은 국가를 보는 종교적 가치관을 제시하고 있음을 알 수 있다.

오늘날에도 많은 나라는 자신의 국가를 위하느니, 평화를 위해서 니 하며 원자 폭탄 등 핵무기를 소유하려고 온갖 노력을 다하고 있 다. 이 작은 지구별을 수백 번도 더 없애버릴 수 있는 엄청난 양의 핵 무기를 인류는 이미 소지하고 있음에도 말이다. 과연 나라마다 무기 를 많이 소유하는 것이 자기 나라를 잘 지키는 것일까? 그나마 다행 인 것은 전 세계가 하나라는 지구촌 한 가족 의식이 올림픽이나 월드 컵 등의 행사를 통해 점차 퍼지고 있다는 것이다. 문화적 다양성을 서로 인정하고 존중하면서도 자기 문화의 고유성을 지켜나가는, 이른 바 글로벌 정신이 필요한 것이다. 부처님이 《인왕경》에서 가르치시는 '반야의 국가관'이 바로 인류의 존엄함에 바탕을 둔 '함께 잘 사는 공 동의 사회'에 있음을 전 세계의 지도자들은 깨달아야 한다.

역사 속의 인왕회仁王會는 천하태평과 국가의 안녕을 기원하기 위해 《인왕경》을 강독하는 법회로 열렸다. 국가의 재난이 있을 때 《인왕 경》을 독송하면 풍년이 들고 나라가 편안하게 된다는 믿음에 의해 고려시대에 시작되었다.

인왕문仁王門은 절의 수호신인 금강역사를 안치한 문으로 일주문 다음에 설치된 문이다. 국가의 안정과 발전을 위하여 부처님의 가르 침을 널리 편다는 의미가 있다. 이와 같은 의미를 지닌 인왕산에 대 해 생각해보자. 예로부터 인왕산은 호랑이로 많이 알려진 산이다. '인 왕산 호랑이'라는 말은 유명하다. 즉, 호랑이가 많이 살았다는 의미 는 그만큼 산이 울창하고 깊다는 것을 의미한다. 그러나 지금은 개발 이라는 핑계로 산세는 완전히 무시되어 산허리가 다 잘려나가고, 무성했던 숲은 자취조차 찾을 수 없는 지경에 이르렀다. 다행히 서울시에서 인왕산의 경관을 해쳐온 초소, 창고 등 콘크리트 군사시설물과 철조망 2.3㎞를 철거하고 진달래 등을 심고 자연의 모습으로 가꾸기로 했다고 한다.

또 다른 관점에서 보면, 산 전체가 거대한 하나의 가람을 이루고 있는 북한산 앞쪽에서 도량을 지키는 호법 신장으로 서 있기에 인왕산이라고 이름 붙인 것은 아닐까 하는 생각을 해본다. 호랑이가 지닌 의미가 백수의 왕으로 잡다함을 물리친다는 상징성을 담고 있어, 사악함을 물리치고 정법을 지킨다는, 금강역사의 상징성과 일맥상통하기 때문이다. 다원화, 다종교 사회 시대에 처해 있는 오늘날의 불교는 과거 어느 때보다 많은 도전을 받고 있다. 거룩하게 보존되어야 할 성보 문화재가 도난되고 있고, 정신적 귀의처가 되어야 할 불교 문화재가 경주 남산의 경우처럼 무방비로 방치되고 있다. 최근에는 계획되고 조직적인 범죄로 보이는 사찰 방화放火 테러까지 계속 일어나고 있다. 이러한 가시적인 도전 외에도 눈에 보이지 않는 많은 마구니들이 기승을 부리며 불법佛法을 어지럽히고 있는 현실이다.

인왕산이 가지고 있는 상징성은 정법을 수호하는 금강역사이다. 지금 이 시대의 불자들은 파사현정 하는 금강역사의 지혜와 용기를 가져야 한다. 이점을 깨닫는 것이 먼 옛날 인왕산이라는 이름을 붙인 선조들의 참뜻을 아는 것이 아닐까.

세속의 온갖 때를 씻어주는 하얀 연꽃, 백련산(白蓮山)

백련산白蓮山은 북한산 비봉과 잇닿아 있는 산으로 서울시 서대문구 홍은동에 자리 잡고 있다. 그리 높은 산은 아니지만, 정상에 오르면 서울의 서쪽과 남쪽이 탁 트여 전망이 좋은 곳이다. 하지만 정상가는 길 8부 능선에 세워져 있는 송신탑은 자연과의 부조화를 극명하게 보여주는 흉물스러운 설치물이다. 정상 가까이 사평정思平亭이라는 누각이 있는데 이곳에 올라서 내려 보는 전망은 보는 이의 가슴을 시원하게 한다. 눈앞에는 상암동 월드컵 경기장이 건너다보이고 한강을 따라 눈길을 따라가면 일산 신도시가 한눈에 들어온다. 멀리 관악산을 바라보던 눈길을 동쪽으로 돌리면 아파트 숲으로 허리띠로 삼은 인왕산이 눈앞에 있다.

백련은 연꽃 중의 으뜸인, 흰색 연꽃을 말한다. 불교의 상징인 연꽃은 온갖 더러움이나 진흙 속에서 피어나면서도 맑디맑은 청초한 꽃을 피워낸다. 즉, 속세에 살면서도 속세에 물들지 않는 정신을 의미한다. 온갖 어려운 환경을 탓하지 않고 나쁜 환경 속에서 자신의 삶을 피워내는 정신을 담고 있다. 처염상정處染常淨으로 대표되는 연꽃의 정신은 인간이 주체적으로 환경을 극복하며 살아갈 길을 잘 보여주고 있다. 즉, 어떤 상황이나 어떤 곳에 있더라도 주체적인 입장에서 결정하는 수처작주隨處作主의 정신을 나타내는 것이다. 이런 연꽃 중에서도 백련을 으뜸으로 친다.

낮은 곳에서 자라고 진 흙탕물 속에서도 고고함을 잊지 않는 하얀 연꽃은 우리 중생이 가진 불성佛性을 보여주고 있는 것은 아닐까. 조선시대 초기까지는 백련산에 정토사라는 이름으로 절이 있었으나, 세조 때 백련사로 고쳐 불러 오늘날까지 훌륭한 도량으로 이어지고 있다. 여기서 백련은 염불을 수행 방법으로 삼고 있는 정토 신앙과도 밀접한 관계가 있음을 알 수 있다.

한국 불교 역사에서 뜻을 같이하는 사람들이 일정한 사찰에 함께 모여 집중적으로 수행하여 그 목표를 얻고자 하는 모임이 있었는데 이를 결사結社라고 한다. 전해져오는 대표적인 결사 가운데 염불 수행을 중심으로 하는 결사가 있었으니, 신라시대의 미타만일회, 고려시대의 만일미타도량, 수정결사, 요세스님의 백련결사 등이다. 요세스님의 백련결사는 전남 만덕산 백련사 천태종의 염불결사 운동이었다.

갈수록 어지러워져 가는 세상에 한 떨기 흰 연꽃처럼 염불 수행하는 불자들이 되라는 뜻으로 백련산을 해석해본다. 백련산처럼 연꽃에 관련된 산 이름이 전국에 걸쳐 고루 분포되어 있다. 연화산, 보련산, 연엽봉, 백련산, 청련봉, 홍련봉, 부용산 등이 그것이다. 하나같이 연꽃의 정신을 아끼고 좋아했던 옛사람들의 솜씨이다. 연꽃은 산 이름뿐만 아니라, 오래된 벽화에서부터 그림에까지, 온갖 생활용품 문양으로, 부처님을 떠받치는 연화대로, 법당 창문 연꽃 문양으로, 우리 가까이에 자리 잡고 있다.

고구려 벽화에 나타나는 연꽃 위에서 화생하는 부부의 모습은 연화정토에의 발원發願을 잘 보여주고 있다. 연꽃으로 표현되는 연화정토 사상은 〈심청전〉에까지 이어진다. 인당수에서 빠진 심청이 커다란 연꽃을 타고 나타나는 대목에서 중생에게 말 없는 진리를 열어 보이는 연꽃의 향훈香薰을 느낄 수 있다. 이제 백련산이라는 산 이름에서 은은히 풍겨 나오는 지혜를 우리 모두의 가슴속에 간직하자. 주위를 탓하지 않고 나 자신부터 솔선수범하는 아름다운 백련의 정신을.

* 백련산은 전북 임실군 강진면에도 있다.

부처님 얼굴을 닮은 산, 불암산(佛巖山)

커다란 바위가 부처님 상호를 닮았다 해서 '부처 바위' 즉, 불암산佛巖山이라는 이름을 가진 이 산은 서쪽으로는 삼각산, 도봉산을 마주 보며 서울시 노원구, 도봉구를 내려다보고 있고, 동쪽으로는 경기도 남양주시를 안고 있다. 북쪽으로는 수락산과 맞닿아 있으며, 불암사라는 유명한 고찰이 자리 잡고 있다.

중학교 국어 교과서에 미국의 '큰 바위 얼굴'이라는 이야기가 있다. 사우스 다코다주 러시모어산(山)의 '큰 바위 얼굴'에는 역대 대통령 4명의 얼굴이 조각되어 있다. 마을에 전해오는 이야기로는 언젠가 큰 바위 얼굴의 주인공이 실제로 나타난다는 것이다. 많은 사람이 그 사람의 출현을 기다리고, 주인공 소년 어니스트도 그 바위를 보며 꿈을 키워나간다. 그런데 이야기의 끝은 결국 어니스트는 자라서 스스로 그 바위 얼굴의 주인이 된다는 것이다. 이 이야기에서 우리는 두 가지를 생각해볼 수 있다.

먼저 우리 조상들은 삶의 터전에서 바위나 산을 쳐다보며 거룩한 이름을 정해 공경하고 스스로 닮아가기를 발원했다. 이곳의 불암산 정상의 잘생긴 바위들을 보면서 바로 부처님 바위라고 생각하고 우러렀다. 언젠가는 출현할 부처님을 그리며, 부처바위산, 미륵산 등의 이름을 붙이고 열심히 살아가던 조상들의 좋은 예를 두고도 멀리 있는 이야기만 수입하고, 우리 조상들의 지혜는 귀중한 것으로 받아들이지 못하는 어리석음을 반성해볼 필요가 있다는 것이다.

두 번째는 인간이 스스로 훌륭한 목표를 설정하고 끊임없이 노력하면 성취할 수 있다는 가르침을 얻을 수 있다. 인생의 목표를 설정하고 희망과 신념으로 살아간다면 반드시 좋은 결과를 얻을 수 있다는 교훈을 얻을 수 있다. 많은 사람이 불암산을 오르며 마음을 닦는다. 정상에 오르기까지 힘든 과정을 통해 자신을 돌아보고, 삶의 의지를 강하게 키운다. 마침내 정상에 올라서서는 눈앞에 펼쳐진 서울 시내를 내려다본다. 마치 자신이 부처가 된 듯 세상을 내려다보며 사람의 세상을 개미 세상 보듯이 살펴볼 수 있는 여유를 갖게 되는 것이다.

산을 좋아하고 산을 찾을 수 있는 사람은 마음의 여유가 있는 사람이다. 이제 도심 생활에 젖어 사는 일상이 바쁜 시민들이여! 불암산을 올라보자. 겸허하고 예의가 바른 태도로 말이다. 형형색색의 등산복을 입고 자연을 정복한다는 건방진 마음이 아니라, 따뜻한 아버지의 품으로 안기는 것처럼 자연과 하나 되는 친밀함을 가지고 말이다. 이곳 불암산에는 불암사라는 유서 깊은 명찰이 자리 잡고 있다. 남양주시 방면에서 서쪽으로 오르면 기도 도량 불암사가 옛 자태를 함빡 안고 반긴다. 불암사는 서울 도심에서 가까우면서도 고산 명찰의 분위기와 편안함을 느낄 수 있는 곳이다. 불암산의 정기가 불암사 마당에 내려와 감돌고 있음을 알 수 있다.

* 경남 하동군 하동읍에 불암산과 불암산성이 있다.

구도자의 정열과 추사의 수행이 남아있는
수도산(修道山)

　강남의 중심지, 무역전시관 코엑스와 아셈빌딩, 봉은사, 경기고등학교 이렇게 어울려 있는 곳이 수도산修道山이다. 산의 모습이 거의 없어졌지만 바로 이곳이 봉은사가 자리한 수도산이다. 앞쪽에는 산보다 몇 배나 높은 대형 빌딩 아셈이 위압적으로 내다보고 있고, 산 정상까지 올라온 학교와 주위를 둘러싸고 있는 도로와 건물들. 이 모든 것이 산의 모습을 무시하고 있지만, 수도산은 봉은사와 함께 그 옛날 귀중한 역사를 지켜오고 있다. 조선시대 교종사찰의 대표가 운악산 봉선사라면 수선修禪의 대표는 수도산 봉은사였다.

　수많은 수행자가 역사의 맥을 이어오던 수도산 봉은사. 추사 김정희 선생이 불교에 귀의하여 염불, 염경念經은 물론 지계, 수선修禪 등을 행하며 유마거사처럼 살다 간 곳이 바로 수도산 봉은사였다. 추사 선생은 인생의 황혼기를 이곳에서 열심히 수행하며 살다가 생을 마감했으니, 그것만으로도 이곳은 도를 닦는 수도산이라는 이름이 어울린다고 하겠다. 많은 수행자가 이곳에서 수행하며 구도자의 길을 걸어갔지만, 최근에는 중앙승가대학교를 후원하는 사찰이 되어 젊은 구도자들의 큰집 역할을 하고 있으니 과연 수도산이라는 이름과 부합하고 있다 하겠다. 수도산 봉은사와 인연 맺어지는 구도자들이 말년을 용맹정진으로 살다간 추사의 정신을 느낄 수 있기를 발원해본다. 그래서 발심發心하여 출가한 그 아름다운 초심初心을 놓치지 말고, 가슴 속에 담고 정진하기를 기원해본다. 의상스님이 화엄경을 게송으로 노래한 법성게에 보면 '초발심시변정각'이라는 구절이 나온다. 평생 수행하는 스님뿐만 아니라, 직장인, 정치인, 사업가 등도 초발심을 잘 갈무리한다면 반드시 성취를 얻을 수 있으리라.

추사선생이 늦게 불교의 진리를 깨닫고, 여러 방법으로 열심히 수행한 모습은 아름답기만 하다. 대부분 정치인, 권력자나 예술가들이 자기도취에 빠져 마지막을 아름답게 매듭짓지 못하는 경우가 많은데, 시대를 뛰어넘는 위대한 예술가 추사 김정희 선생은 자신의 예술적 경지를 종교적으로 잘 회향한 것이다. 처음과 끝이 다 좋은 삶이 있다면 그 이상 아름다운 삶이 어디 있으랴.

* 수도산은 경북 금릉군과 경남 거창군 경계에도 있으며, 부처님의 정신이 깃들어 있다는 뜻의 불령산佛靈山이라고도 한다.

으뜸가는 진리를 보여주는
도봉산(道峯山)

　삼각산 북쪽으로 연이어 있는 도봉산道峯山은 만장봉, 사패산, 오봉산 등의 연봉으로 연결되어 서울시와 의정부시, 양주시 등을 병풍처럼 둘러싼 아름다운 산이다.

　도봉道峰의 뜻은 도의 꼭대기, 정상이라는 뜻이니 세상 많은 진리 중에 으뜸이라는 뜻이다. 즉, 부처님의 가르침이 세상 진리 가운데 으뜸이라는 뜻에서 도봉이라 이름 지은 것이다.

　사람의 기준으로 보면 모든 것은 상대적이다. 으뜸이다, 아름답다, 만족하다, 고통이다 등의 감정과 판단은 비교에 의한 상대적인 분별이다. 그래서 부처나 예수, 공자와 같은 성현의 가르침에 의지한다. 그분들의 존재야말로 절대적이라는 믿음을 가질 때 마음이 편하고 합리적이라 판단하는 것이다. 멋지게 생긴 만장봉을 보며 부처의 가르침이 이 세상의 으뜸이라는 뜻에서 도봉이라 부른 조상님들의 넉넉한 마음이 올곧이 느껴진다.

　도봉산 망월사는 선방으로 유명하고 한수 이북 비구니 선원으로는 가장 큰 회룡사가 있다. 온갖 세상사에 휘둘려 사는 이 시대의 삶에서 최고의 가치는 무엇인가? 모든 도道의 으뜸인 도봉산을 보며 스스로 깨달을 지어다.

2부

경기도

한민족의 영원한 보배,
마니산(摩尼山)

　강화도에서 제일 높은 마니산摩尼山은 예로부터 우리 민족의 성스럽고 보배로운 산으로 숭배됐으며, 지금도 이 땅의 많은 주인이 찾고 있는 민족의 영산靈山이다. 마니(摩尼)는 산스크리트어 mani의 음사音寫로 말니(末尼)라고도 하며, 뜻은 보주寶珠이며 마니주, 마니보라고도 한다. 특히 무엇이든 하고자 하는 대로 가지가지의 진귀한 보물을 내는 덕이 있으므로 여의보주如意寶珠라고 한다. 마니주는 불행과 재난을 없애 주고 탁수濁水를 청정하게 하는 덕이 있으며 재난을 물리치는 덕이 있다고 한다.

　일부 국어 학자들은 우두머리, 으뜸이라는 뜻을 가진 마리산이 불교사상의 영향으로 마니산이 되었다고 하나, 마리(摩利) 또한 마리지천(摩利支天)의 준말로 산스크리트어 marici의 음역이다. 즉, 우리말 마리에 불교사상을 잘 조화시켜 마니산이라는 사상적 의미를 정립한 것이다. 이 나라의 일체 재난을 막아 주고 온갖 보물을 쏟아 내어 이 땅의 부유함을 기원하는 염원을 담아 마니산이라는 이름을 붙인 것이다. 지명의 역사는 이러한 사상적 수용을 통해 이루어지는 것이다.

　그런데 마니산은 마리산으로 읽어야 한다는 사람들이 있어 법정까지 간 적이 있었으나 결국 마니산으로 인정이 되었다. 그런데도 일부 사람들은 마리산이라고 표기하기도 한다. 굳이 언어학적으로 마리라고 읽어야 한다고 주장하는 것은 할아버지를 본래의 의미대로 한 아버지라고 불러야 한다고 주장하는 것과 같다. 마니산은 이러한 의미에서 지금까지 그래 왔던 것처럼 민족의 번영을 기원하는 여의주의 의미를 담고 있는 마니산으로 지켜져야 한다.

전국체전이나 나라의 큰 행사에 굳이 이곳 마니산에서 성화를 채화하게 된 것도 사상적으로 해석해보면 다음과 같다. 모든 재난을 없애 주고 흐린 물을 맑게 해주며, 진귀한 보물을 내는 덕이 있는 여의보주인 마니에서 성화를 얻어 전국 방방곡곡에 마니의 복덕을 나눠주는 의식이 생기게 된 것이다.

또한, 강화도에는 불교가 이 땅에 들어오자마자 지어져 오랜 역사를 자랑하는 전등사傳燈寺가 있고, 상서롭고 복스럽다는 뜻의 부처님 이름인 길상산과 길상면 등이 마니산과 묘한 조화를 이루고 있다. 그리고 좌측 작은 섬 석모도에는 우리나라 3대 관세음보살 기도처인 낙가산 보문사가 자리하고 있어 마니산을 좌보처左補處 하고 있다. 또한, 오른쪽으로는 고려시대 어려운 역사적 상황에서 고려대장경이라는 민족정신의 결정을 이루어낸 대장경 조성지 선원사가 자리하고 있다. 세계를 정복하는 징기스칸에 맞서 이 나라를 지키려는 온 국민의 에너지가 집결된 고려대장경의 조성지가 이곳 강화도임을 생각해보면 마니산의 이름이 더욱 빛남을 알 수 있다. 그렇다, 마니산의 마니는 온 국민의 가슴속에 부처님의 힘으로 살아나서 팔만대장경이라는 이름으로 뭉치게 한 보배 여의주인 것이다.

한편의 잘 짜인 설계도처럼 지명들이 배치되어 있음은 결코 우연이 아님을 확연히 보여주고 있다. 산 정상에 오르기가 그리 만만치 않은 마니산은 이러한 사상적 의미에서인지 다치는 사람이 없는 명산으로도 유명하다. 이제 우리가 마니산에 담겨 있는 훌륭한 사상적 의미를 잘 알고 마니산을 민족의 영산으로 잘 보존하는 것이 이 시대의 역사적 과업이 아니겠는가.

* 충북 옥천군 이원면과 영동군 양산면에 걸쳐 있는 마니산도 같은 글자에 같은 의미가 있는 산이다.

관세음보살이 주석하시는 곳, 낙가산(洛迦山)

강화도는 우리나라에서 다섯 번째로 큰 섬이다. 한참 달리다 보면 섬인지 내륙인지 분간하기가 어려울 정도이다. 이렇게 시골길을 한참 달리면 강화도의 서쪽 끝 외포리항에 도착한다. 바로 눈앞에 석모도라는 섬이 보인다. 차까지 싣는 큰 배에 올라타면 배 꽁무니에 따라붙는 갈매기가 족히 50여 마리는 된다. 이곳 갈매기들이 사람들이 던져주는 새우깡을 받아먹기 시작한 것은 꽤 오래된 이야기다. 갈매기들은 굳이 힘든 비행을 하지 않고 다음 배를 기다린다. 이런 모습을 상념에 젖어 바라다보고 있노라면 배는 어느새 석모도에 도착한다. 다시 승용차로 10여 분을 달리면 낙가산洛迦山 보문사가 나타난다.

우리나라 관음 기도 도량으로 유명한 3대 성지가 있는데, 동해의 낙산 홍련암, 남해의 금산 보리암, 서해의 낙가산 보문사이다. 동해의 연꽃을 타고 오시는 관세음보살님, 남해 금산에서 깨달음의 세계를 열어 보이시는 관세음보살님, 그리고 이곳 낙가산 보문사에서 '문 없는 문'으로 중생의 원願을 들어주시는 관세음보살님!

오늘도 전국의 수많은 불자가 낙가산 관세음보살님을 친견하려고 정진의 발길을 끊이지 않는다. 끝없이 이어지는 계단 길을 따라서 오면 어느새 서해가 눈앞에 아스라이 펼쳐지고 암벽에 조성된 관세음보살님은 이미 이곳을 찾는 이들의 마음을 읽고 있는 듯 빙그레 내려다보신다.

원래 낙가산은 범어 Potalaka의 음역으로 보타낙가이며 줄여서 낙가산이라 부른다. 인도 남쪽 해안에 있는 팔각형의 산으로 관세음보살이 머무르시는 곳이며, 중국에서는 절강성 주산열도에 있는 산을, 한국에서는 강원도 동해 낙산과 강화도에 속한 석모도에 있는 낙가산을 관세음보살 주석처로 삼는 것이다. 하지만 강화 보문사라고만 부르는 경향이 있어 낙가산이라는 산 이름에 익숙지 않은 사람도 많을 것이다.

관세음보살이 머무시는 낙가산 보문사에서 기도하면 대자대비의 힘을 얻는다. 지극한 정성으로 기도를 드리고, 나오는 길에 반드시 전등사를 들러야 한다. 그리고 길상산 전등사라는 이름에 담긴 뜻을 생각해야 한다. 관세음보살 기도를 잘 마친 사람은 전등傳燈의 의미를 깨달을 수 있을 것이다. 모든 생명체가 함께 행복할 수 있는 길은 무엇인가? 바로 어두움을 밝히는 등불, 즉 부처님의 가르침을 전하는 일이야말로 기도의 공덕이 아니겠는가. 자기 한 몸 잘되자고, 자기 욕구를 채우기 위해 찾는 것이 기도가 아니다. 세상을 밝히는 부처님의 가르침을 전하는 데 일익을 담당하겠다는 마음을 낙가산과 전등사에서 느낄 수 있다면 제대로 기도를 한 것이다. 여기에 함허 기화스님의 수행처 함허동천과 정수사까지 참배할 여유와 지혜가 있다면 금상첨화라 하겠다.

모든 중생의 원願을 천수천안으로 살피시는 관세음보살님! 이제 간절히 원하옵나니, 낙가산 보문사를 찾는 중생들이 관음보살 대자비로 자기 일신一身의 영달榮達만 기원하는 속 좁은 사람이 되지 않게 하시옵소서. 낙가산 앞 탁 트인 서해 바다처럼 넓은 마음으로 모든 이의 행복을 발원하는 아름다운 마음을 지니게 하여 주시옵소서. 그리하여 부처님 법을 전하는 한 자루의 촛불이 되게 하소서.

너무나 좋은
길상산(吉祥山)

강화도에서 전등사 방면으로 내려가면 온수리가 나온다. 이곳 온수리에서 서쪽은 함허동천과 동막해수욕장이 자리 잡고 있다. 함허동천은 조선시대 유명한 학승인 함허 기화스님이 수행하던 곳을 기념하여 함허동천이라는 지명을 붙였다. 이곳은 국민 관광지로 많은 이들이 심신을 가다듬는 강화의 명소가 되었으니 기화스님의 정신이 그 기운을 발휘한 것일까?

마니산을 등에 지고 서해를 내다보는 아름다운 경관을 지닌 정수사도 역시 기화스님의 정신이 깃들어 있는 곳이다. 함허동천은 아름다운 숲을 간직하고 야영장으로 이름을 빛내고 있다. 여기서 해안도로를 따라 5분 정도 가면 동막해수욕장이 나온다. 동막해수욕장은 드넓은 갯벌을 지닌 자연 생태계의 보배였으나 최근에는 유치원 단체부터 성인들에 이르기까지 갯벌 체험을 하려는 인파들에 의해 거의 질식 단계에 들어 안타까울 뿐이다. 해수욕장 인근에 사는 주민에 의하면 몇 년 전만 하더라도 조용하기 그지없는 곳이었으나, 갯벌이 몸에 좋다는 뉴스와 함께 수도 서울에서 가장 찾기 쉬운 곳으로 언론에 보도된 후, 워낙 많은 사람이 찾다 보니 갯벌이 아예 단단해져 버렸다는 것이다. 아무리 위대한 자연이라 하더라도 수많은 인간의 방문을 이겨내기는 힘드나 보다. 언론에 알려지면 그 순간부터 넘치는 사람에 의해 자연 생태계가 무너지는 것이 국토가 좁은 한국의 현실인가 아니면 생각이 얕은 국민정신 수준에 문제 있는 것인가 함께 생각해 볼 일이다.

온수리에서 남쪽 해안으로 들어서면 강화도 최남단 길상면 장흥면이 있고 해안을 내다보고 있는 길상산吉祥山이 있다. 길상산은 유명한 산도 아니고 강화도에서도 막다른 곳이어서 비교적 산세를 잘 유지하고 상스러운 자태를 유지하고 있었다. 하지만 가천의과대학이 들어서고 초지진을 비롯하여 덕진진 광성보로 이어지는 해안 관광코스가 신강화대교로 연결되면서 길상산의 순수한 자태는 허물어지기 시작했다. 산허리는 깎여 나가고 주위에 들어서는 건물로 인해 바닷가를 접한 한적한 분위기는 사라져 가고 있다. 길상이 지닌 아름다운 이미지가 점점 사그라든다. 원래 길상吉祥은 상스러움, 너무나 좋은 일이 계속되는 것 등의 의미가 있다. 부처님이 보리수나무 아래에서 깔고 앉아 수행하던 풀을 길상초라 하고, 석류가 나쁜 기운을 없애는 과실이라 하여 길상과라 부르며 부처님이 앉는 자리를 길상좌라고 하는 까닭이 여기에 있다.

* 지리산 노고단은 중생들에게 복과 덕을 주는 길상천녀가 상주했다 하여 길상봉吉祥峰이라고도 부른다.
* 충북 진천군 진천읍에 김유신장군 탄생지 뒷산의 이름도 길상산이다.
* 속리산에 길상봉이 있다.

걸림 없는 대자유를 시현(示現)하는
소요산(逍遙山)

경기도 동두천시와 포천시 신북면新北面 경계에 있는 해발 536m의 소요산逍遙山은 서울 북쪽과 의정부시를 지나 동두천시가 끝나는 곳에서 동쪽으로 자리 잡고 있다. 소요산은 능선이 아름다우며 특히 가을 단풍이 좋은 산으로 알려져 많은 사람이 찾는다. 삼국시대 원효대사元曉大師가 자재암自在庵을 세운 이후(974년, 고려 광종 25년) 소요산이라 부르게 되었고, 중대암中臺庵, 소운암小雲庵, 소요암, 영원사靈源寺 등의 사찰과 암자가 세워져 많은 수행자가 머무는 수행처가 되었으나 지금은 자재암만 남아 화려했던 역사의 명맥을 간신히 이어 가고 있다. 자재암을 지나면 원효대사가 수도한 곳이라고 전하는 옥로봉玉露峰을 넘어 북동쪽으로 나한羅漢, 의상대義湘臺, 비룡폭포가 나온다. 부산의 금정산과 강원도 낙산, 서울의 북한산처럼 소요산에도 신라의 두 큰스님 원효와 의상의 발자국이 함께 하고 있음을 알 수 있다.

경기도의 소금강小金剛으로도 불릴 만큼 아름다운 소요산은 특히 능선을 타고 좌우에 펼쳐지는 자연의 파노라마에 젖다 보면 저절로 소요자재하게 된다. 원래 소요逍遙라는 말은 여유 있게 거닐며 산책한다는 뜻인데, 이 땅이 낳은 세계적인 사상가인 원효스님의 인연에 의해 소요산이라는 이름을 얻게 된 것이다. 자재암으로 오르는 길에는 원효폭포가 시원하게 흐르고 있고, 자재암 위에는 원효봉이 있으며, 원효정이라는 샘물이 있다. 이처럼 소요산은 원효대사와 떼려야 뗄 수 없는 많은 인연을 갖고 있다. 또한, 어디에서나 같이 따라다니는 의상스님의 흔적이 소요산의 정상 의상봉으로 남아 있다.

자재암 창건 설화를 살펴보자. 원효스님이 수행을 위해 소요산을 찾아 정진하던 중, 하루는 아름다운 여인이 나타나서 하룻밤 묵어가기를 청하며 원효스님의 마음을 흔들리게 했다. 이때 원효스님은 여인의 손길을 물리치며 "마음이 생겨 가지가지 법이 일어나니, 마음이 멸하면 온갖 법이 사라진다(心生則種種法生 心滅則種種法滅). 나는 이미 자재무애(自在無碍)의 경지에 이르렀노라." 하였다. 원효스님의 이 말에 여인은 사라졌고, 그 여인이 바로 관세음보살의 화신化身임을 깨달은 원효스님은 더욱 정진하였다. 그리하여 원효스님이 관세음보살을 친견하고 마침내 막힘없는 넓은 마음으로 자유자재自由自在를 얻으셨으므로 '소요'와 '자재'라는 이름이 붙게 된 것이다.

자재自在는 마음대로 무엇이나 자유롭지 않은 것이 없고 장애 될 것이 없음을 일컫는 말인데, 부처님과 보살이 갖춘 공덕功德의 하나이다. 그래서 부처님을 자재인自在人이라고도 한다. 또한, 보살이 가진 자재도 여러 가지가 있다. 그러므로 소요라는 산 이름과 자재라는 절 이름이 자연스럽게 어울린다. 이처럼 우리나라에는 산 이름과 절 이름이 조화를 이루는 곳이 참으로 많다. 속리산 법주사, 가야산 해인사, 금정산 범어사, 낙가산 보문사 등과 같이 말이다. 소요산 자재암 또한 그런 이름 가운데 하나로 손색이 없다.

오늘날 물질문명이 가져온 사회 병리 현상 중에 '신속화'라는 개념이 있다. 즉, 현대인은 모든 일을 신속하게 처리해야 한다는 강박관념에 쫓겨 매사에 심사숙고하는 여유가 없고 충동에 따른 무책임한 행동을 하게 된다는 것이다. 이런 신속화는 엄청난 긴장감을 일으키고 정신질환을 유발하기도 한다. 그리고 즉흥적이고 감각적인 문화를 양산하여 인간이 본래 지닌 이성적인 여유를 빼앗고 있다. 오죽하면 오늘날의 한국 문화를 국제사회에서조차 '빨리빨리' 문화라고 부르고 있을까? 우리 조상들이 지니고 있던 여유와 품위 있는 정신이 이러한 사회현상 속에 사라지고 있는 이 시대에 소요산 자재암이라는 이름은 새로운 한국 정신을 정립하는 데 좋은 화두가 될 수 있다.

세상이 아무리 빠르게 변해 가더라도 본연의 이상을 놓치지 않기 위해서 우리는 소요 자재하는 정신을 잃어서는 안 된다. 이런 마음을 지니고 소요산에 올라볼지어다. 석굴 법당에 들러 참배하고 원효정의 감로수로 목을 축이고 나면 소담스럽게 느껴지는 옥류 폭포가 새롭게 보인다. 산등성이를 타고 오르노라면 좌우 양쪽으로 펼쳐지는 경계가 한눈에 들어오며 일상의 번잡함을 떠나 잠시나마 소요 자재를 누리게 한다.

그리고 하산 길에는 중생들의 세상 속에 살면서도 소요 자재하게 살 수 있는 여유와 지혜를 얻기를 간절하게 발원發願하자. 소요 자재는 어떤 환경이나 장소와 관계없이 얻을 수 있는 부처님의 가르침임을 되새기며 말이다. 또한, 마음의 여유를 누리지 못하고 브레이크 없는 욕망의 전차에 몸을 싣고 바쁘게 다니는 현대인에게 참된 자유, 기쁨을 누릴 줄 아는 여유를 생각하게 하는 소요산이라는 이름을 잘 지키고 남겨 주신 이 땅의 선조들에게 감사드리자.

* 전북 고창군 부안면 용산리에도 소요산이 있다. 동두천시 소요산처럼 자재암이 있고, 신라 진흥왕 때 소요대사가 창건한 소요사라는 절이 있다. 산 아래에는 연기사(연기조사가 창건했다. 연기조사는 부석사를 창건한 의상대사와 함께 화엄 철학의 쌍벽이었다. 지리산 화엄사, 나주 운흥사, 영은사, 곤양 서봉사, 산청 대원사, 지리산 연고사, 천왕봉 법계사 등 지리산을 중심으로 활동한 것으로 추정된다.) 터가 남아 있는데, 지금은 연기제(저수지)의 확장으로 절 터가 거의 수몰되었다. 그 옆에는 연기 마을이 있다.

기도 정진으로 부처님을 친견하는
수리산(修理山)

    수리산修理山은 경기도 안양시와 군포시, 의왕시와 안산시 및 시흥시를 잇는 경기 남부지역의 준봉 중 한 곳이다. 해발 475m로 그리 높은 편은 아니지만, 봉우리가 빼어나고, 골짜기가 깊어 예로부터 풍류객들의 사랑을 받아왔다. 수리산의 원래 이름은 견불산見佛山이었다. 신라의 왕손이었던 운산대사가 이곳에서 뼈를 깎는 기도 정진으로 부처님을 친견하고 성불의 수기를 받았다 해서 유래된 이름이다.

    다른 설説로는 수리사라는 절 북쪽 산자락에 부처님 형상의 바위가 있어 견불산이라고도 한다. 또한, 수리사가 있다고 해서 수리산이라고 불리어 왔다. 수리사는 신라 진흥왕대(540~576년)에 창건됐으나 자세한 창건 경위는 알 수 없고, 불심佛心을 닦는 성지聖地라 하여 수리사라 했다고 한다. 한때는 36동의 전각과 12개의 산내 암자를 거느린 대찰大刹이었으나, 역사의 뒤안길로 물러났다가 조선조 경허선사가 200명의 대중과 함께 선풍을 크게 일으켜 사세가 일어났으나 이후 쇠락의 길을 걷고 말았다. 한때는 풍광 좋고, 물이 좋아 기도처로 유명했던 이 산은 이제 주위의 신도시 아파트 단지와 고가도로로 숨통이 막힐 지경에 이르고 있다.

우리는 견불산이라는 이름에서 알 수 있듯이 어느 곳이든 지극한 한마음으로 기도하면 불보살님의 가피력을 얻는다는 귀중한 가르침을 얻을 수 있다. 또한, 자연을 생명으로 생각하고 어느 곳이든 거룩한 곳이라 여기고 기도하고 정진하였던 선조의 지혜를 배워야 하며, 삶의 터전으로 존재하는 모든 땅을 사랑하고 귀하게 여기는 겸손함을 느껴야 한다. 오늘날 인류가 직면하고 있는 가장 큰 문제 중의 하나인 환경 문제도 자연과의 조화를 가르친 동양 사상의 지혜를 통해 해결할 수 있다. 자연을 인간의 정복 대상으로만 생각하는 서구적 사고방식은 생명력을 가진 아름다운 산조차도 물질적 대상으로만 받아들여 자연재해라는 인과응보를 받는 것이다. 날이 갈수록 아파트와 도로에 잠식되어 가는 수리산의 모습에서 과연 우리의 후손들은 무엇을 보고 무엇을 느낄 수 있을까. 산 이름에 담겨 있는 역사와 사상은 그 맥을 이어갈 수 있을까? 하염없는 탄식과 부끄러움이 수리산 자락을 휘감는다.

수줍은 듯 겸손한 처녀의 얼굴,
부용산(芙蓉山)

　부용산芙蓉山, 부용봉이라는 산 이름은 우리 국토 곳곳에서 찾을 수 있다. 경기도에서는 의정부시에 부용산과 부용천이 있고, 남한강과 북한강이 만나는 곳에 있다는 뜻으로 양수리兩水理라는 지명이 있고 그 양수리 건너편에 아담한 산이 합류 지점을 내려다보고 있으니 바로 양평군 양서면 부용산(366m)이다. 부용은 연꽃을 말하는데, 아주 화려하지도 사치스럽지도 않으면서 청초함을 보여주는 꽃이 바로 연꽃인 것이다. 그래서인지 부용산이라는 이름을 가진 산들은 절대 웅장하지 않으며 아늑하며 소담스럽기만 하다. 의정부시와 양평군에 있는 부용산은 마치 수줍은 듯 고개 숙인 처녀의 얼굴 같은 느낌을 준다. 그러면서도 앞쪽을 휘감아 나가는 물을 지켜보며 연꽃을 피워내며 생명의 아름다움을 소담스럽게 표현하고 있다. 화려하고 웅장한 산만 산이 아니라 작고 초라해 보이는 봉우리라 하더라도 어엿한 이름을 가진 산이라는 것을 보여준다. 백성들의 삶 가장 가까이 있는 뒷동산의 봉우리에도 이런 아름다운 이름을 지어낸 선조의 슬기가 가슴 뭉클하게 전해져 온다.

　그러나 골프장을 만들려고 깎아내린 민둥산들을 보고도 가슴 아품을 느끼지 못하는 사람들은 뒷동산 작은 봉우리마다 산 이름을 정성껏 지어 붙인 선인들의 마음을 알지 못할 것이다. 그리고 산 이름이 무엇이든, 산 모양이 어떻든 그저 돈 되는 일거리로만 보고 산을 며칠 사이에 없애버리는 사람들이 많아질 때 우리가 설 땅은 없어질 것이다. 도시 생활에 찌든 온갖 때를 씻어 줄 작은 뒷동산마저 없애버리고 후손들에게 콘크리트 숲만 남겨주는 조상이 되어서는 아니 될 것이다. 이 시대를 사는 우리 모두 되새겨 볼 필요가 있지 않을까?

부용산이라는 산 이름은 큰 산들의 사이사이에 자리 잡은 작은 산들에서 많이 보인다. 즉, 이 넓은 세상 중간중간에서 세상을 밝히는 연꽃의 정신을 담고 있는 것이 아닐까. 대형과 최고를 추구하는 가치관의 사회 속에서 '작은 것이 아름답다'라는 말처럼 부용산은 잔잔한 가르침을 시사하고 있다.

검단선사의 정신을 알리는
검단산(黔丹山)

경기도 하남시 하산곡동에 있는 검단산黔丹山은 동쪽으로는 남한강과 북한강이 합쳐진 양수리를 내다보고 서남쪽으로는 남한산성 도립공원을 마주 보고 있는 해발 685m의 산이다. 백제시대 검단선사가 이곳에서 수행했다 하여 스님의 이름을 따 검단산이라 부른다. 서울과 하남시에서 가까워 부담 없이 산을 즐기려는 사람들이 많이 찾는 곳이다. 산의 규모는 그리 크지 않으나, 산세가 비교적 가파르고 정상 부근엔 억새밭이 있어 마치 큰 산에 오른 듯한 기분을 느끼게 한다. 산 동쪽 아래로는 팔당 유원지가 있고, 미사리 유원지, 남한산성 등이 가까이 있다.

《광주목지》에 의하면 "검단산은 광주 고을 동북쪽 10리에 있으며 백제 스님 검단선사께서 수행했던 산이다."라는 기록이 남아있으며, 백제 때는 숭산崇山으로 불렸으며 동명왕묘와 엄단을 설치해 국산제國山祭를 지냈던 나라의 명산이며, 남한산과 함께 하남 위례성을 외호해주던 성산城山이었다. 초기 백제 때는 고악숭산高岳崇山으로 숭앙받았던 산인데 지금은 남한산성이 많이 알려진 남한산의 명성에 가려지고 있다.

백제의 온조왕이 하남 땅에 나라를 세우고 백제가 고구려와 한 뿌리였음을 알리고자 '동명왕묘東明王廟'와 온조의 어머니인 소서노의 사당집을 세우고 크게 단을 조성해 제사를 집행했는데, 이때 천지신명께 국태민안國泰民安을 함께 빌었다. 그 후 백제의 역대 왕들이 동명왕묘에서 국산제를 친히 지냈다는 글이 많은 고서에 보인다. 나라의 강령을 빌었던 검단산의 동명왕묘는 조선 왕실의 종묘사직 단과 비견되는 백제인의 성소였다. 이런 성스러운 믿음이 일반에 퍼지어서 후일엔 나라에 큰일이 닥치면 이곳에서 나라굿을 했고 나중엔 기우제를 지내는 곳으로 변했는데, 《해동지도》에는 '검단산 기우제단(黔丹山 祈雨祭壇)'의 기록까지 있다.

이 모든 기록을 종합해보면 검단산은 민족의 성지와 다를 바가 없는데 역사유적을 바라보는 의식이 부족한 후손들의 무지는 극에 달한다. 동명왕 묘터는 헬기장을 건설한다고 파괴해버렸고 역사적 사실을 알리는 안내판은 허술하기 짝이 없다. 또한, 검단선사에 대한 역사적 연구나 사상적 의미를 찾는 이도 없다 보니 검단산이 지닌 역사의 가치는 언제 찾을 수 있을지 기약이 없다. 여러 원인 중에 검단산 일대가 백제 문화권이었음을 상기해본다.

백제 문화는 신라의 삼국 통일 후 역사의 뒤안길로 사라지고 백제 불교의 흔적 또한 자취를 감추고 만 것이다. 그 와중에 백제 고승 검단선사의 이름이 이렇게 검단산으로 남아있으니 반갑기 그지없다. 검단선사는 '검은(黔) 얼굴빛에 붉은(丹) 장삼 차림을 한 스님'이라는 것에서 선사의 법명이 유래했는데, 두타 수행을 철저하게 실천한 덕망 높은 백제 불교의 대덕 고승이었다. 삼국이 신라 통일로 재편되자 탄

압을 두려워해 사찰 대부분이 내력을 신라 스님이 새로 세운 것으로 위장했다.

그래서 검단선사를 따르던 수많은 백제 사찰도 없어졌는데 경기도 일대엔 검단이라는 지명으로나마 남아있어 그 역사를 증명하고 있는 것이다. 파주시의 탄현면 오두산 자락에 임진강을 내다보고 있는 검단사, 김포시 검단면, 남양주시 진접읍 검단리, 성남시 검단산과 검단동이 그 예다. 실제로 백제 유적이 발굴되면서 역사적 사실이 밝혀지고 있지만, 백제 문화의 흔적이 너무 남아 있지 않다는 사실은 역사에 대한 편식과 이해 부족이라 생각된다.

* 성남시 남한산성 남쪽에도 검단산(534m)이 있다.

문수보살의 지혜를 담은
문수산(文殊山)

경기도 김포시 월곶면月串面에 있는 문수산文殊山은 해발 376m의 산으로 김포시 내에서 가장 높으며, 조선시대 숙종肅宗 때 축성한 문수산성이 있으며 산성 안에 문수사文殊寺가 있다. 김포에서 강화도에 들어서기 전에 오른쪽으로 병풍 같은 문수산과 산성이 보인다. 입구는 새로 난 강화대교에 진입하기 직전에 우회전해서 해안가를 따라 들어가면 문수산성의 시작을 알리는 높다란 누각이 있다. 문수산, 문수봉의 지명은 이곳뿐 아니라, 전국에 골고루 남아있다. 북쪽의 만주족이 세운 만주국의 만주라는 나라 이름은 문수보살을 그리워 한 사람들이 나라 이름마저도 문수보살의 이름으로 한 것이다. 즉, 만수실리에서 만주라는 이름을 따온 것이다.

그렇다면 문수보살은 누구인가? 산스크리트어 Manjusri는 문수사리(文殊師利), 만수시리(滿殊尸利), 만수실리로 음역하며 지혜가 뛰어난 공덕이라는 뜻이다. 석가모니불의 왼쪽에 있으며 지혜를 상징하는 보살이다. 문수보살에 대한 이해는 문수사리의 물음에 대하여 부처님이 설법하신 문수사리문경을 통해 자세히 알 수 있으며, 여러 경전에서 문수보살에 대한 이야기를 만날 수 있다. 문수보살의 교화력이 뛰어남을 설한 《구잡비유경》 58권에 나오는 이야기를 함께 보자.

부처님 당시 국민의 성질이 포악하고 범죄가 많은 작은 나라가 있었다. 마침 부처님이 제자들을 데리고 그 이웃 나라에 머물 때였다. 제자들이 소문을 듣고 이웃 나라에 부처님 법을 전하려 했다. 먼저 목련존자가 가서 법을 전하려 했으나 실패했다. 그 나라 사람들이 거부하며 욕설과 매질로 쫓으려 했기 때문이다. 다음에는 사리불이 나섰으나 마찬가지였다. 가섭과 500명의 제자가 교화에 나섰으나 모두 무시당하고 돌아왔다. 그러자 아난이 부처님께 말씀 드렸다.

"저 나라 사람들이 너무 포악하고 수준이 낮습니다. 한 명의 아라한을 욕하여도 그 죄가 작지 않거늘, 하물며 그렇게 많은 사람의 가르침을 거부하고 욕을 하니 모두 무거운 벌을 받을 것입니다."

부처님이 말씀하시기를,

"비록 그 죄가 깊고 무겁지마는 보살이 보면 깨끗하여 죄가 없느니라." 하시고 문수사리를 보내어 제도하게 하였다. 문수사리가 그 나라로 가서 만나는 사람을 잘 파악하고 그들의 장점을 알아내어 사정에 맞게 칭찬하였다. 오래지 않아 그 나라 사람들이 문수사리를 따르고 모두 기쁨을 이기지 못하였고, 마침내 문수사리를 따라 부처님 앞에 와서 설법을 듣고 모두 착실한 불자가 되었다.

그때 부처님께서 아난에게 말씀하셨다.

"아난아! 그 깊고 무겁다는 죄가 과연 어디에 있다고 생각하느냐?"

위의 이야기를 통해 문수보살의 교화력을 알 수 있다. 특히 상대방의 특성을 잘 파악하여 칭찬으로 교화하는 방법은 오늘날 각 분야에서 필요한 방법이라 하겠다. 중국의 오대산과 한국의 오대산이 문수보살 신앙의 중심지이다. 오대산 상원사 법당은 문수보살을 주존主尊으로 모시고 있다. 조선시대 세조가 몸에 난 등창을 목욕하며 치료받은 것도 바로 문수보살의 힘이었다.

《비화경》 '모든 보살 본수기품'에 나타난 문수사리의 수기 부분을 살펴보자. 보장여래께서 문수사리를 위해서 게송으로 설하셨다.

> 수승한 그 뜻 넓고 크도다. 이제 다시 일어나거라.
> 시방에 계신 부처님들이
> 이미 너에게 수기하시니
> 앞으로 오는 세상에는
> 높고 수승한 도를 이루리라.
> 시방 세계의 산하 대지가
> 여섯 가지로 진동하고
> 일체 중생이 만족스럽게
> 모든 쾌락을 누리는도다.

문수사리는 과거 전생부터 발원하여 이런 수기를 받으신 것이다.

---

* 같은 이름으로 경북 포항시의 문수산(622m), 경남 울산시의 문수산, 전북 고창군과 전남 장성군 경계의 문수산(621m)이 있으며, 북한산과 월악산에는 문수봉이 있다. 강원 태백시, 충북 제천시 등지에도 문수산, 문수봉의 이름이 많이 발견된다. 북한에는 평양 쪽에서 대동강 남쪽에 문수산이라는 지명이 〈대동여지도〉에 있다.

관세음보살 자비를 가르치는
관음산(觀音山)

　포천시 산정호수 남쪽으로 관음산觀音山(733m)과 원통봉(567m)이 나란히 하고 있다. 관음산 동녘에는 육군 8사단 법당인 팔정사八正寺가 있으며 산정호수로 넘어가는 길을 따라 뻗어있는 산의 모습이 시원하다. 이 산 밑에 낭유리라는 마을이 있는데 여우 떼가 자주 출몰하였다고 해서 붙은 이름이다. 그렇게 깊었던 산이 사통팔달로 길이 나서 고즈넉한 맛은 사라져버렸다.

　관세음보살에 대한 우리 민족의 신앙은 절대적이었다. 관세음보살은 관음보살로 줄여서 부르기도 하며, 별명인 원통대사로도 부른다. 불교의 발상지인 인도에서는 남쪽 해안의 보타낙가산을 관세음보살의 상주처라 하였고, 중국에서는 주산열도의 한 섬이 관음성지이다. 우리나라에서 가장 많이 독송 되는 천수경도 관세음 신앙에 바탕을 두고 있다. 《법화경》'관세음보살 보문품' 역시 많이 독송되는 경전이다.

　관세음보살은 여러 모습으로 나타난다. 우리나라에 많이 나타난 관세음보살의 유형을 보면 버들가지를 손에 든 양류관세음보살, 감로수 병을 든 시약관세음보살, 구름 속에서 용을 타고 나타나는 용두관세음보살, 흰옷을 입고 백련에 앉아 있는 백의관세음보살, 달이 비

치는 바다 위에서 연꽃을 타고 손에 연꽃을 든 수월관세음보살 등이
다. 이런 여러 모습으로 나타나는 관세음보살을 33관음보살이라 한
다. 이처럼 관세음보살은 주로 용이나 연꽃, 버들가지, 감로수 병 등
의 상징물과 함께 나타난다. 버드나무 가지는 감로수를 뿌리는 도구
이며, 중생의 번뇌를 식혀주는 칠보 나뭇가지로 쓰인다. 감로수 병은
목마른 이에게 줄 달콤한 감로를 담는 그릇이므로 모두 중생 구제와
연관이 있다.

관세음보살이 수기 받는 장면을 《비화경》'모든 보살 본수기품'에서
살펴본다.

보장불께서 이렇게 수기하셨다.

"선남자여, 네가 천상과 인간과 삼악도의 일체중생을 보고 대비
심을 내어 중생의 모든 괴로움과 중생의 모든 번뇌를 끊고자 하므
로, 중생들이 안락하게 살도록 원하므로 너의 이름을 관세음觀世
音이라 하노라."

그때 관세음이 부처님께 사뢰었다.

"만약 제가 소원을 성취하면 부처님께 예배하겠사오니 온 세계
의 중생들이 욕심을 버리게 하소서."

그때 보장불께서 관세음을 위해 게송을 읊으셨다.

대비大悲 공덕 갖춘 자여, 이제 응당 일어나라.
저 모든 부처님 세계가 여섯 가지로 진동하고
시방 모든 부처님이 그대에게 수기하셨으니

앞으로 부처 될 일 그대는 기뻐하라.

　한국 관세음보살 3대 기도 도량은 동해 낙산사, 서해 낙가산 보문사, 남해 금산 보리암이고 이외에도 금강산 보덕굴, 전남 여수 향일암 등이 유명한 관음 기도 도량이다. 그리고 우리나라 어느 사찰을 가든지 관세음 신앙을 하지 않는 곳은 별로 없다. 온 국토가 관음 기도 도량인 것이다.

* 관음봉은 전북 부안군 변산과 강원도 고성군 등 여러 군데서 그 이름이 발견된다.

고통받는 이들의 메시아 지장보살,
지장봉(地藏峰)

　강원도 철원군과 경기도 연천군, 포천시에 걸쳐 있는 지장봉地藏峰
은 보개산의 봉우리이다. 보개산 자체를 지장산으로 부르기도 하나
정확히 말하면 보개산 지장봉이 맞다. 매표소 팻말에는 '지장산'이라
표기되어 있으나 《세종실록지리지》, 《동국여지승람》, 《대동지지》, 〈
동국여지도〉 등 모든 지리 관계 문헌들은 '보개산'이라 기명하고 있
다. 보개산은 봉우리와 시냇물 이름들이 모두 불교에서 유래한 것이
다. 이 산의 상봉을 환희(歡喜)라 부르고 양쪽 가지는 불견佛肩과 삼봉
三峰이라 부르며 지장봉과 지장계곡 등의 지명이 남아있어 찬란했던
불교문화의 중심이었음을 증명하고 있다. 보개산의 의미는 부산 보
개산 편에서 설명하기로 하고 여기서는 지장봉의 주인 지장보살을 중
심으로 이야기하고자 한다.

　지장보살은 누구인가? 어떤 원력을 지닌 분인가. 많은 보살이 저마
다 특기를 가지고 상구보리 하화중생을 실천한다. 지장보살은 지옥에
떨어진 중생들을 다 구제하겠다는 원을 세운 보살이다. 그래서 대원
본존大願本尊 지장보살이라고 한다.

　부처님 제자들이 각자 전법의 길을 떠날 때도 수로나국이라는 목

숨을 걸고 가야 하는 어려운 곳이 있었다. 그때 부루나 존자가 선뜻 나섰다. 이 한 몸 죽는 일이 있더라도 그곳으로 가서 부처님 가르침을 전하겠다는 큰 원력을 세우고, 이제 보살 가운데는 지장보살이 모든 중생이 가장 싫어하는 지옥으로 뛰어들었다. 고통받는 중생을 건지고 성불까지 시키겠노라고. 물론 그때까지는 당신의 성불도 미루어 놓고, 말이다.

이제 우리 가까이 있는 지장보살을 생각해보자. 대부분 절에는 명부전이라는 법당이 있는데, 그곳의 주인이 바로 지장보살이다. 저승세계와 염라대왕 그리고 심판관들, 그 앞에 죄인들의 비참한 모습. 이런 상황을 묘사한 탱화가 있고 그 옆에 지장보살이 그려져 있다. 항상 고통받는 현장에서 그 죄인의 죄를 없애기 위해 노력하는 지장보살의 모습이다.

이제 《지장경》에서 말하는 고통의 현장 지옥을 한번 가보자.

보현보살이 지장보살에게 청한다.
"지장보살이시여! 현재와 미래세계의 모든 중생을 위하여 지옥의 이름을 말해 주소서. 어떤 업보로 지옥에 떨어지며 어떤 인과응보를 받는지를 말해 주소서. 후세의 중생들이 과보果報를 알게 하여 주소서."

지장보살이 대답한다.
"보현보살이시여! 내가 이제 지옥의 이름과 죄업으로 받는 인과응보를 말하겠습니다. 해와 달의 빛이 닿지 못하여 어둡고 캄캄한 곳에 쉴 틈 없는 지옥, 큰 고통 지옥, 불화살 지옥, 불기둥 껴안는 지옥, 목 자르는 지옥, 다리 태우는 지옥, 성냄 지옥입니다."

"보현보살이시여! 이런 지옥들은 나쁜 일을 지은 중생들이 업에 따라 인과응보를 받는 곳입니다. 업의 힘이란 엄청나서 수미산과 같이 높으며 깊은 바다보다 깊어서 깨달음의 길을 가로막으므로, 중생들은 마땅히 작은 악이라도 가벼이 여겨서는 안 됩니다. 죽은 후에는 털끝만 한 인과응보라도 남이 대신 받을 수 없기 때문입니다."

《지장경》에서 설해지는 지옥들은 결코 협박이나 공포용이 아니다. 지금 사는 현실의 연장선에 있는 사실일 뿐이다. 살아 있는 존재는 죽음을 알지 못한다. 아니 죽음을 피하려 들고 애써 외면하려고 한다. 지옥과 저승세계는 지금, 이 삶 속에서 내가 해야 할 일을 깨우쳐주고 있다. 무엇을 준비해야 할지를 알려주고 있다. 하지만 대부분 사람은 죽음이나 지옥에 대해 남의 일처럼 생각하며 준비하지 않는다. 그래서 바로 죽음에 부딪히면 감당하지 못하는 것이다.

《금강경》에서 미리 알려주는 답을 의미해보자.

일체유위법(一切有爲法) 여몽환포영(如夢幻泡影)
여로역여전(如露亦如電) 응작여시관(應作如是觀)

이 세상의 모든 것은 꿈이요, 환상이요, 물거품이요, 그림자요, 아침 이슬이요, 번개와 같으니, 마땅히 이렇게 보아야 하리라.

이 세상의 존재를 여섯 가지로 비유한 것이다. 《정명경淨名經》에서는 '환상, 번개, 꿈, 불꽃, 물에 비친 달, 거울에 비친 형상'의 여섯 가지로 비유하고 있다. 《금강경》과 《정명경》의 여섯 가지 비유는 존재하는 것의 무상함을 일깨워 주는 가르침이다. 죽음에 대한 이해, 지옥을 생각하는 여유, 이런 관점을 통해 현실에서 정직하고 자신 있게 살 수 있는 것이다.

* 경북 상주시와 충북 영동군에도 지장산이 있다.

중생의 이상세계,
원적산(圓寂山)

경기도 광주시, 여주시, 이천시에 걸쳐 있는 원적산圓寂山은 그리 유명한 산은 아니지만, 그 이름에 깊은 뜻이 담겨 있는 산이다. 원적圓寂은 모든 무지無知와 사견私見을 여의고 깨닫는다는 뜻이었으나 입적, 입멸, 적멸, 열반의 의미와도 같이 쓰인다. 《천수경》에 "대자대비하신 관세음보살님! 간절히 원하옵나니, 원적산에 속히 오르기를 발원합니다."라는 구절이 있다. 걸림 없는 원만하고 편안한 세상에 살겠다는 강한 의지를 보여주는 대목이다. 사실, 이 원적산은 공간적으로 다른 세상에 존재하는 산이 아니다. 인간이 가지고 있는 존엄성과 위대함을 제대로 발현하면 이 세상에서 찾을 수 있는 산이다.

인천시 서구와 부평구, 계양구에 걸쳐 있는 원적산은 해발 165m의 작은 산인데, 1972년 관통 도로가 나면서 철마산으로 이름이 바뀌었다. 최근 '원적산 지명 되찾기 시민 운동연합'까지 발족하여 원래의 이름인 원적산을 찾는다고 하니 깨어있는 시민 의식과 문화 의식에 찬사를 보낼 만하다. 아무리 작은 산이라도 그곳에는 역사가 담겨 있고 지역 주민의 문화가 녹아있는 것이다. 어느 순간 별다른 이유도 없이 편리성이나 무관심 속에 행정적으로 이름이 바뀌어도 무관심하다면 얼마나 부끄러운 일인가. 한 사람의 이름을 바꾸기 위해서는 상당히 복잡한 과정을 거쳐 법원의 판결을 받아야 하듯이, 산 이름이나 지명 등이 바뀔 때도 지역 주민과 여론의 충분한 검증을 통해 문화적으로 타당성을 인정받아야 할 것이다.

부처님 세상을 그리며, 불곡산(佛谷山)

 양주시에 있는 불곡산佛谷山은 글자 그대로 부처님 계곡이다. 요즈음은 불국산으로도 표기하고 있으나, 〈동국여지도〉 등 옛 기록에 의하면 불곡산이 맞다. 같은 경기도인 성남시 분당구 정자동과 광주시 오포읍에 걸쳐 있는 불곡산도 있는데, 그 인근 초등학교 이름에까지 '불곡'이 쓰이고 있다. 글자 그대로 부처님 계곡은 불교가 번성했을 때, 큰 절이 있는 곳을 상징적으로 나타내는 말이다. 불곡산에는 신라시대 창건된 것으로 전해지는 백화암이 있다. 불곡산이 있는 양주시는 조선시대 양주목의 중심지로 유교 문화의 중심이었다. 지금까지도 양주향교 건물이 잘 보존되고 있고 양주 별산대놀이의 본가이기도 한 곳이다. 유교 문화의 중심지에서도 불곡산과 백화암은 그 이름과 유산을 잘 이어오고 있다.

 옛사람들은 어떤 생각에 부처님 계곡이라는 이름을 붙였을까. 현재의 불곡산 주위를 살펴보면 많은 절이 있었던 흔적은 보이지 않는다. 주위에 '어둔리 사지'가 방치된 터가 비교적 넓으나 전체적으로는 품이 그리 큰 산은 아닌 점을 생각하면 다른 뜻이 있음을 추측할 수 있다. 아미타불의 서방정토 극락세계나 미륵불의 도솔천은 아니지만

지금 사는 우리 고장에 부처님의 자비 광명이 가득하기를 발원하며
이런 이름을 지었으리라 생각해본다.

성인이 함께 수행한
삼성산(三聖山)

서울시와 안양시를 경계로 하는 삼성산三聖山은 서울대학교에서 남쪽으로 4㎞, 안양역에서 동북으로 5㎞ 떨어져 관악산 서쪽으로 이어지는 해발 481m의 산으로 원효대사가 의상, 윤필과 함께 삼막사를 짓고 수도하였다고 하여 삼성산이라는 이름이 붙여졌다. 삼막사 사적에서 밝힌 대로 세 명의 성인이 도를 닦았는지는 불확실하지만, 이상향 세계인 정토 세상 안양을 내려다보는 삼성산에는 많은 수행자가 찾아왔음을 알 수 있다.

예로부터 명산에는 수행의 길을 걷는 도반들이 함께하는 경우가 많았다. 함께 수행함의 장점은 서로의 공부를 확인할 수 있고, 잘못된 길로 빠질 수 있는 위험을 막아 주는 안전장치에 있는 것이다. 전국에 분포하고 있는 천성산, 천둥산, 천불산 등도 많은 스님이 용맹정진 수행하는 모습을 표현한 산 이름들이다. 또 다른 의미의 삼성三聖은 비로자나불, 문수보살, 보현보살을 화엄 삼성이라 하고 아미타불, 관세음보살, 대세지보살을 미타삼성이라고 한다. 또 대부분 절에는 삼성각이라는 전각이 있고 독성, 산신, 칠성을 모시고 있다.

* 경북 경산시 삼성산(554m)과 경북 청도군 삼성산(668m)이 있다.

뭇 생명을 지키는 약사여래,
약사봉(藥師峰)

　경상남도 사천시와 경기도 광주시, 충청북도 청주시 등에 약사산藥師山이 있고, 경기도 포천시 명성산, 경상북도 구미시 금오산, 대구시 팔공산 등에 약사봉이 있다. 모두 약사여래불의 이름을 딴 산 이름이다. 약사는 약사여래藥師如來의 약칭으로 자세히는 약사유리광여래이며 모든 중생의 병을 고쳐주므로 대의왕大醫王이라 번역하기도 한다. 약사여래는 동방 정유리국淨琉璃國 세계의 교주로 과거에 12대원을 세워서 이 세계 중생의 질병을 치료하고 수명을 연장하고, 재화災禍를 없애고, 의복 음식 등을 만족케 하고 또 부처의 행을 닦아 무상보리를 증득케 한다고 서원한 부처님이다. 나타나는 모습은 연꽃 위에서 왼손에 약병을 들고, 오른손에 시무외인施無畏印을 맺고 있다.

　생명이 있는 곳에는 항상 질병과 고통이 있게 마련이다. 그 질병의 고통에서 벗어나고픈 중생들의 바람! 그 간절한 바람을 들어줄 존재가 필요할 때 약사여래 신앙이 이 땅에도 들어온 것이다. 그래서 이 땅의 백성들은 곳곳에 약사여래 부처님을 조성하고 기도하였다. 절에서 약사여래를 따로 봉안하여 신앙하는 법당을 약사전藥師殿이라 하고, 유리전琉璃殿이라 하기도 한다. 약사전의 약사여래는 늘 좌우에

일광보살과 월광보살을 우두머리로 하는 무수한 보살들을 거느리고 있으면서 질병에 신음하는 중생들을 구제하고 약사 세계로의 왕생을 인도한다.

부처님의 힘을 빌려 질병을 퇴치하고자 하는 구체적이고도 현실적인 요구를 수용하고 있는 약사경이 번역 유포되면서 약사 신앙은 급속히 성행하게 되어, 삼국시대부터 통일신라, 고려대에 크게 유행하게 된다. 이 약사여래 신앙은 전국 각지에 약사사藥師寺, 약사암藥師庵, 약사원藥師院, 약사전藥師殿, 유리광사琉璃光寺 등의 이름을 남기고 있다. 그리고 더 나아가 사찰뿐만 아니라 산 이름, 봉우리 이름에도 약사여래 부처님을 모신 것이다. 그중에서도 신라 선덕여왕의 병을 약사여래의 영험으로 치유하면서 약사여래 신앙으로 융성하기 시작한 팔공산은 대표적인 약사여래 신앙의 총본산이라 할만하다. 우선 약사봉이라는 봉우리가 있고, 동화사에는 30m 높이의 '통일기원 약사여래석조대불'이 조성되어 있으며 갓바위, 염불암 등 일곱 군데나 약사불이 조성되어 있다. 특히 갓바위 약사여래 부처님의 영험은 널리 알려져 전국에서 찾는 사람이 끊이지 않는 기도처이다.

* 약사봉이 있는 구미시 금오산의 금오산성은 경북 팔경의 하나로 꼽히고, 대구시 팔공산 약사봉의 샛별은 팔공산 팔경의 하나로 유명하다.
* 경기도 광주시 남한산성면, 충북 청원군 오창면, 경남 사천시에 약사산이 있다.
* 이외에도 부처님 가르침이 큰 빛으로 나타났다는 광교산光敎山, 법 화경을 생각하게 하는 법화산法華山 등의 산 이름이 있다.

3부

강원도

중생 속에 뛰어들어 걸림 없이 닦는 수행,
두타산(頭陀山)

한반도의 등줄기인 태백산맥이 동해안을 끼고 남쪽으로 내려오다 삼척 해안가에 이르러 빚어 놓은 해발 1353m의 두타산頭陀山은 동해시와 삼척시에 걸쳐 있는 산이다. 두타산은 청옥산과 한 산맥으로 산수가 아름다운 명산으로 사계절 등산 코스로 이름이 높아 많은 등산객이 찾는다. 깎아지른 암벽이 노송과 어울려 금세 무너질 듯 아슬아슬하게 물과 어울린 무릉계곡의 절경 골짜기는 비경이다. 본인의 경험에 의하면 쉽게 찾을 수 있는 계곡 중에 무릉계곡만 한 데가 없다고 생각한다. 또한, 동해시와 불과 30리 거리에 있어 산과 바다를 함께 즐기려는 피서객들에게는 이상적인 산이다. 두타산에는 두타산성, 사원터, 오십정 등이 있으며, 계곡에는 수백 명이 함께 놀 수 있는 넓고 편편한 바위도 많아 별유천지를 이루고 있다.

두타라는 말은 산스크리트 dhuta의 음역으로 번뇌와 의식주에 대한 탐욕을 버리고 청정하게 불도佛道를 닦는 수행을 의미한다. 또 다른 뜻으로는 산야山野와 세상을 두루 다니며 걸식과 노숙 수행 등을 통해 불도를 닦는 것을 말하며, 온갖 고행을 인내하는 행각行脚의 수행이라는 뜻으로도 쓰이고 있다. 즉, 남이 보지 않는 곳에서 묵묵히 수행하며 법을 전하는 실천행을 두타행이라고 한다. 부처님 당시 두타행이 가장 뛰어난 제자는 가섭존자였다. 그래서 부처님의 십대제자 중 두타 제일 마하 가섭존자라는 호칭을 얻게 되었다. 가섭존자는 부처님을 대신해 먼 지방으로 다니면서 수행과 포교에 전념했기 때문에 부처님 열반 당시에도 먼 지방에 가 있어 나중에야 달려올 수 있었다.

우리나라에서 두타행이 뛰어났던 스님은 단연 원효스님, 진묵스님 등을 들 수 있다. 원효스님은 신라 서라벌 장터에서 염불 수행을 통해 민중 속으로 뛰어들었고, 전쟁으로 상처 난 온 국토 구석구석을 다니며 수많은 사람의 가슴에 자비의 빛을 심으셨다. 진묵스님의 수행과 중생 구제의 방편도 남들이 꺼리는 어둡고 힘든 곳에서 병행되었음이 전해지고 있다. 두 분 외에도 많은 선지식이 두타행을 행하시며 불법佛法을 맥을 잇고 있다.

이와 같은 뜻을 지닌 두타산은 아름다운 계곡으로 유명한 무릉계곡을 거느린 명산이다. 원래 무릉이란 신선이 사는 마을을 뜻한다. 계곡이 깊고 그윽하며 맑은 물과 기묘한 바위들이 어우러진 경치가 뛰어나 무릉이라는 이름을 얻게 된 것이다. 이런 좋은 계곡을 지닌 두타산은 수많은 사람에게 산의 맑은 정기와 절경을 베풀고 있다.

두타산에는 삼화사三和寺라는 고찰이 있는데, 자장법사의 교화를 받은 세 여신이 화합 발심하여 지은 절이라 하여 삼화사라 한다는 전설이 있다. 또 다른 이야기로는 고려 태조 왕건이 이곳에서 후삼국 통일의 대업을 이룰 것을 간절하게 기도하였고, 통일을 이룬 뒤에 갈라진 세 나라를 하나로 화합시켰다는 뜻에서 삼화사라 한다는 기록이 있다.

두타산과 삼화사에 얽힌 아름다운 이야기나 무릉계곡의 절경은 변하지 않았지만, 두타산 입구는 물질문명의 도도한 물결에 의해 거대한 시멘트 공장으로 뒤덮여 버렸다. 그리고 채광권 안에 들어간 두타산은 흉측하게 파괴되어 몰골 사나운 바위들이 곳곳에 드러나 있어 찾는 이들의 가슴을 찢어 놓고 있다. 동양 문화의 바탕은 인간과 자연이 하나 되는 것이기 때문에 자연과 인간의 조화를 추구했고, 풀 한 포기 나무 한 그루에도 생명의 가치를 부여해왔다.

그러나 모든 것이 인간을 위해 창조되었다는 서양의 오만하고 무지한 사고방식은 자연환경의 파괴라는 극단적인 결과를 가져왔다. 이런 사상에 물든 사람들에 의해 우리의 금수강산도 사정없이 훼손되어 가고 있다. 그 현장을 두타산 입구에서도 어김없이 발견할 수 있다는 현실이 우리의 마음을 무겁게 한다. 역사와 전통을 지닌 삼화사도 본래의 자리를 빼앗기고 다른 곳으로 옮겨야 했고 많은 선지식이 수행 정진하던 터전은 채석장으로 변하여 먼지 속에 덮여 버렸다.

언제부터인가 우리 문화와 역사를 가벼이 여기고 남의 것만 좋다고 하는 신新사대주의적 발상이 이 땅에 팽배하기 시작하더니 급기야는 우리 전통문화에 대한 파괴가 거침없이 이루어지고 있다. 최근의 예만 보더라도 전통사찰 주위에 무계획적인 위락단지와 골프장을 건설한다는 계획이 쏟아져 나오고 개발이라는 핑계로 수많은 문화재가 위기에 처하고 있다. 더불어 문화재의 도난과 해외반출, 일부 정신 질환자들에 의한 방화 테러 등이 계속되고 있건만 별다른 대책이 없이 당하고만 있는 현실이다.

이렇듯 자기 민족의 사상과 문화를 제대로 알지 못하면서도 외국 문화에 밝으면 마치 대단한 지식인이라도 된 것처럼 생각하는 사람이 얼마나 많은가. 이런 현실이 근대화 과정을 겪으며 나타나는 문화 과도기적 현상으로 끝나길 바란다. 그리스, 로마신화는 비판 없이 받아들이는 사람이 단군 신화는 미신으로 치부하거나, 잔인한 내용이 많은 《아라비안나이트》나 《이솝 우화》의 내용은 자세히 살펴보지 않고 비판 없이 어린이에게 권하면서 한국의 전래 동화나 민담은 무시하는 경향이 많다.

또한, 일본의 향락적인 문화가 우리 생활 속에 얼마나 많은 폐해를 끼치고 있는가는 조금만 관심을 가지면 알 수 있는데도 이에 대한 경각심을 가진 사람은 그리 많지 않다. 온통 경제와 정치에만 관심이 쏠려 '문화 공황'에 빠져 버린 것은 아닐까 우려해 본다. 그렇다고 폐쇄적인 민족주의를 주장하는 것도 아니다. 다만 최소한의 민족 정체성과 자기 문화에 대해 올바른 이해를 하자는 것이다.

우리의 선조들이 남겨 준 아름다운 국토와 문화, 그리고 그에 걸맞은 이름들에 담긴 깊은 사상과 의미조차 망각하고 살아가는 우리들의 모습을 진지하게 되돌아볼 시점이다. 더 늦으면 역사와 후손들에게 큰 죄를 짓게 되는 것이다. 훌륭한 문화와 사상을 보존하고 발전시키지는 못할망정 이렇게 잔인하게 파괴하고서 우리의 후손들에게 과연 무엇을 남기겠다는 말인가?

* 충북 진천군 초평면에도 두타산이 있다.

문수보살이 머무르시는 성지(聖地), 오대산(五臺山)

 한국 불교는 신앙과 경배의 장소를 굳이 사찰에만 한정하지 않았다. 법신사상이나 만다라사상의 영향으로 우리가 사는 국토 전체를 부처님 도량으로 보고 있다. 그리하여 산과 들이나 바위 등에도 부처님을 조성했고, 산, 봉우리, 강물, 섬, 마을 등에도 부처님이나 보살의 명호를 붙이게 되었다. 우리 주위의 모든 곳이 부처님과 여러 보살이 향상하는 신앙 도량이 되기 때문이다. 강원도 평창군에 있는 오대산은 그 대표적인 곳이다. 오대산은 금강산이나 설악산처럼 화려하지는 않지만 예로부터 정기가 뛰어난 명산으로 알려졌다. 자장법사 이후 불교의 성지聖地가 되었고 특히 산 전체가 신앙의 대상이 되어 오대산 신앙이라는 사상체계를 가지고 있는 특이한 산이다. 《삼국유사》의 기록을 살펴보자.

 신라의 자장법사가 중국 오대산에 가서 문수보살을 친견하기 위해 7일 동안 태화지라는 연못 옆 돌 문수상 앞에서 기도하고 꿈속에서 문수보살로부터 범어로 된 사구게를 받게 되었다. 이튿날 아침에 한 노승이 와서 가사와 발우와 사리를 전달하며 말하기를,

'이는 석가모니 부처님의 도구이니 그대는 잘 호지하라. 그리고 그 대 나라 동북방 명주 땅에 오대산이 있으며, 일만의 문수보살이 항상 머무르시니 그대는 거기 가서 문수보살을 친견하라.' 하고 홀 연 사라졌다. 자장법사가 귀국하여 오대산에서 기도하였으나 뜻을 이루지 못하고 태백산으로 떠났다.

이후 오대산은 보천스님에 이르러 오대산 신앙으로 체계화되었다. 즉, 백두산을 큰 맥으로 삼는 오대산을 중심으로 새로운 신앙체계와 수행법을 세운 것이다. 동대에는 일만의 관세음보살 진신이 서대에는 일만 대세지보살이, 남대에는 일만 지장보살이 북대에는 오백의 아라 한 그리고 중대에는 일만의 문수보살이 상주하는 기도 도량으로 삼 았다. 동대, 서대, 남대, 북대, 중대의 다섯 봉우리를 오대라고 불러 오대산이라는 이름이 생기게 된 것이다. 오대산 신앙체계에는 5방 5 색 5불과 37원을 근간으로 하는 경전 사상과 예참법이 조화를 이루 어 오대산 전체를 사상적 만다라로 보기도 한다.
보천스님이 입적하기 전에 남겼다는 이야기에서 오대산 신앙의 성 격이 확연히 드러난다.

오대산은 백두산에서 뻗어 내린 중요한 맥이다. 동대, 서대, 남 대, 북대, 중대에 각각 암자를 짓고, 그곳에 머무시는 불, 보살님을 잘 모셔라. 대마다 다섯 사람씩 살게 하여 정성을 다해 경을 외고 기도하며 수행에 힘쓰도록 하라. 그러면 왕이 장수하고, 백성이 태 평하게 지내며 모든 이들이 화목하리라.

이후에 오대산은 수많은 수행자와 신도들의 발걸음이 끊이지 않게 되었다. 이리하여 오대산은 나라의 태평함과 모든 이의 안락을 기원하는 성지로서 맥을 이어오게 된 것이다. 오대산의 정상은 비로자나 부처님을 뜻하는 비로봉이다. 이 비로봉에 오르는 길에 중대 사자암이 있고 조금 위를 오르면 이 땅의 최고 명당인 적멸보궁이 자리 잡고 있다. 이 적멸보궁은 자장법사가 중국에서 모시고 온 부처님 진신 사리를 봉안한 성지로 참배객이 끊이지 않고 있다. 우리나라에는 5대 적멸보궁이 있는데, 양산 통도사 금강계단, 가장 높은 곳에 있는 설악산 봉정암, 사자산 법흥사, 태백산의 정암사, 그리고 오대산 중대 사자암 위 적멸보궁이다.

비로봉의 비로는 청정법신 비로자나 부처님의 준말이다. 그래서 한국의 명산 으뜸 봉우리 이름에 비로봉이 많다. 비로봉에서 능선을 타고 북쪽을 돌면 상왕봉이 나온다. 부처님의 진신을 나타내는 거룩한 말이므로 금강산, 속리산, 소백산, 오대산, 무등산, 치악산, 팔공산 등 주요 명산의 주봉에 비로봉이라는 이름을 붙인 것이다. 남대의 지장암에는 기린선원이라는 선원이 개설되어 수행 정진하는 스님들의 도량으로 자리 잡고 있다. 그러므로 오대산은 우리나라의 어떤 산 이름보다 철저한 불교사상으로 장엄한 명산이라 하겠다.

민족의 정기가 스며있는 명산을 정성을 다해 잘 보존해야 나라가 평안하고 국민의 삶이 풍족해진다는 가르침이 오늘날 절절하게 느껴진다. 세계 각국이 환경 파괴로 인한 후유증에 시달리고 있고, 자연을 무시한 인류의 앞날에 가장 큰 숙제가 자연을 되살리는 일이라는 것을 이제야 알게 된 것이다. 일찍이 산을 숭배하고 거룩한 신앙의 대상으로 삼고 겸허

한 자세로 임했던 조상들의 지혜에 머리 숙여야 할 것이다. 그나마 다른 산에 비해 상대적으로 덜 오염된 오대산은 월정사 일대의 전나무 숲과 상원사로 오르는 길목의 수림과 계곡을 잘 유지하고 있다. 그리고 전체적으로 볼 때 오대산은 인간의 때가 덜 묻은 신선한 분위기를 갖고 있어 문수보살이 머무시는 성지로서 감동이 배여 있는 산이라 하겠다. 외부로부터의 나쁜 피해를 보지 않는 홀륭한 터이므로 나라의 주요 문헌을 보관하는 사고史庫도 이곳 오대산에 설치하였다.

자기 본성 찾는 길을 일깨워 주는 산 이름, 목우산(牧牛山)

강원도 영월군에 있는 해발 1066m의 목우산牧牛山. 목우산의 목우牧牛는 불교 수행법에서 십우+牛의 하나로 마음을 수련한다는 의미가 있다. 십우+牛는 선禪을 수련해 깨달음에 이르는 순서를 열 단계로 표현한 것으로 중국 송나라의 곽암사원, 청거 등 여러 사람에 의해 지어진 것이 있다. 십우+牛를 그림으로 나타낸 것을 십우도+牛圖라 하는데, 사찰의 벽화에 많이 등장한다. 인간의 본마음을 소에 비유하여 자기의 본성을 찾아가는 과정이므로 심우尋牛라고도 하는데 다음과 같다.

1. 자기의 본심인 소를 찾아(尋牛),
2. 소의 발자취를 발견하고(見跡),
3. 소를 발견하고(見牛),
4. 소를 잡아(得牛),
5. 소를 길들여(牧牛),
6. 소를 타고 깨달음의 세계인 우리 집에 돌아와서(騎牛歸家),
7. 이제는 소가 달아날 걱정이 없으므로 소 같은 존재는 잊어버

리고 안심하여(忘牛存人),

8. 다시 사람도 소도 본래 공인 것을 깨달아(人牛俱忘),

9. 꽃은 붉고 버들은 푸른 그대로의 세계를 여실히 보고(返本還源),

10. 중생을 구제하기 위해 거리에 나간다.

십우十牛 가운데 목우는 소를 잘 길들인다는 것이므로 자기 마음을 잘 수련하는 것이다. 고려 보조국사 지눌스님의 호號가 목우자牧牛子인 것도 마음 닦는 길을 잘 보여주셨음에 연유한다. 오늘날 현대인들이 추구하는 가치는 주로 외향적인 것에 치우치고 소위 유행이라 하는 시대 흐름에 맞추는 경향이 있어 인간 본성과 주체적인 삶에서 멀어지고 있다. 《본생담》에 보면 이러한 현상을 내다보신 부처님의 가르침이 있다.

토끼 한 마리가 커다란 나무 밑에서 풀을 뜯어 먹으며 세상이 무너지면 어떡하나 하는 걱정을 하고 있는데, 때마침 꽝하는 엄청난 소리가 들려왔다. 엉겁결에 토끼는 세상 무너지는 소리로 착각하고 달리기 시작했다. 주위의 다른 토끼들도 이 놀란 토끼의 말만 듣고 달리기 시작했고, 사슴, 말 등이 함께 달리기 시작하면서 마침내 숲속의 모든 동물이 먼지를 일으키며 떼를 지어 무작정 달리기 시작했습니다. 이때 멀리서 사자가 이 모습을 보았습니다. 사자는 단숨에 달려가 짐승들을 멈추게 했습니다. 그리고 제일 앞쪽에 있는 짐승들에게 어디로, 왜 이렇게 달리느냐고 물었습니다. 그러자 아무도 대답을 못 하는 것입니다. 한결같이 남의 이야기만 듣고 달렸던 것이지요. 사자는 제일 먼저 달리기 시작했던 토끼를 데리고 큰 나무 밑으로 갔습니다. 그곳에는 커다란 열매만 떨어져 있었습니다. 그제야 모든 사실을 알 수 있었습니다. 토끼의 착각을 다른 동물들이 확인도 않고 믿었던 것입니다. 여기서 함께 달린 짐승들은 유행에 휩쓸려 다니는 주체성 없는 중생들을 말합니다. 뭇 어리석은 짐승들을 깨우쳐 준 사자는 부처님을 뜻합니다.

우리는 살아가면서 매스컴이나 다른 사람의 이야기에 솔깃할 때가 참 많다. 특히 요즈음 사회는 폭발적인 정보의 홍수 속에 살아가느라 정말 우리 자신의 본성을 살피기가 어려운 시절이다. 목우산이라는 산 이름을 보면서 내가 가고 있는 방향이 어느 쪽인지 한번 돌아보는 여유를 가지자. 부처님이 일러주신 본성 자리에 내가 얼마나 가까이 가고 있는지 살펴보자.

미륵 부처님의 세계,
용화산(龍華山)

    강원도 화천군과 춘천시 사북면에 걸쳐 있는 해발 878m의 용화산 龍華山은 미륵 부처님의 이상세계를 뜻한다. 용화龍華는 산스크리트어 naga-puspa의 번역으로 미륵보살이 성도하여 중생들을 구제하는 미륵 부처님의 세계를 말한다. 우리나라에는 미륵신앙의 영향을 받아 미륵산, 용화산이라는 이름이 전국에 걸쳐 많이 나타나고 있다. 최초의 기록은 《삼국유사》'무왕조'에 나타나고 있다. 도솔천 내원궁에서 56억 7천만 세를 지나 인간 세상에 하생下生하여 중생을 교화한다는 미륵보살이 용화수 아래 앉아 세 번의 설법을 통하여 중생을 제도하는데 이를 일러 용화삼회龍華三會라 한다.

    미륵부처님의 세상 용화세계를 그리워하는 많은 사람은 언제든지 미륵 부처님이 이 땅에 오시기를 기원하며 미륵산, 용화산, 미륵골, 용화골이라는 이름을 붙이고 기다려왔다. 특히 미륵불교사상은 고달픈 민중들의 빛이요, 희망이었다. 현실적으로 가난하고 피지배자의 위치에 있으며 문화, 정치, 경제, 교육 등의 혜택을 많이 받지 못한 민중들에게 구원의 세계를 열어주실 미래 부처님 미륵불의 하생下生은 얼마나 절실했을까 짐작되고도 남는다.

그래서 중국이나 한국에서 시대적으로 어려울수록 민중을 구제하는 미륵 사상이 빛을 발하였다. 미륵 사상은 주어진 현실에 좌절하지 않고 현실의 한계 상황을 극복하고, 이 땅에 지상낙원 지상 정토를 건설하려는 개혁 의지를 민중들의 가슴에 불어넣었기 때문이다. 현대사회는 물질적 풍요와 인간성의 타락 속에서 타성과 매너리즘에 빠져들고 있다. 우리 모두 정토에 살아야겠다는 적극적인 개혁 의지와 미륵 부처님을 맞이하겠다는 희원希願으로 이 땅에 정토를 건설하자.

* 전북 익산시 미륵사가 있는 곳이 용화산이다. 금마면에서 여산면 방면으로 가는 국도 왼쪽 동쪽 봉우리를 현재 용화산으로 부른다. 《삼국유사》 '무왕조'의 기록에 의하면 이곳 전체를 용화산이라고 부르고 있으나, 지금은 서쪽 봉우리를 미륵산, 동쪽 봉우리를 용화산으로 부른다.

보은의 가르침을 베푸는
치악산(雉嶽山)

강원도 원주시 소초면과 횡성군 강림면 일대에 펼쳐져 있는 치악산 雉嶽山은 주봉인 비로봉(1288m)을 중심으로 향로봉, 남대봉, 매화산 등 1000m가 넘는 높은 봉우리가 능선으로 연결된 장대한 산악군이다. "치악산에 왔다 치를 떨고 간다."라는 말이 나돌 정도로 산세가 웅장하고 험한 치악산 주봉 비로봉에 서면 멀리 원주, 횡성, 영월지방이 한눈에 들어온다. 치악산 곳곳에는 산성과 수많은 사찰 사적지들이 있다. 남대봉을 중심으로 꿩의 보은지라는 상원사를 비롯한 서쪽으로 세존대, 만경대, 문바위, 아들바위 등이 있다. 치악산은 단풍으로도 유명한데 높은 하늘로 치솟은 침엽수림과 단풍 빛은 보는 이로 하여금 신비스러움을 만끽하게 한다.

신라시대 의상대사가 창건했다는 구룡사는 치악산을 상징하는 명소이다. 치악산은 보은報恩의 전설이 스며있다. 정상인 비로봉은 비로자나 부처님의 세계를 뜻하고 있으며 작은 금강산이라는 의미로 소금강이라 부른다. 전설을 통해 인과의 가르침을 베풀고 있는데 많은 사람은 이 보은의 전설을 들으면서도 인과의 법칙을 깨닫지 못한다. 인과의 법칙은 너무나 분명하고 쉬운 가르침인데 문제는 중생들이 잊어버리거나 자신들의 욕망 때문에 두려워하지 않는 데 있다고 하겠다.

갈수록 심각해지는 자연재해 현상이나 환경 문제도 인간이 뿌린 인과의 현상임을 과학자들은 명확하게 알고 있다. 산업발달 과정에서 파괴된 자연림, 화석 에너지의 사용으로 오염되는 대기, 화학 산업의 발달로 인한 각종 폐기물 등등 지구를 몸살 나게 하는 요인들은 인간 스스로 원인 제공자인 것이다. 인과의 법칙을 무시하고 눈앞의 이익이나 이해관계에만 빠져 행동한다면 그 인과응보가 바로 나타남을 보여주는 것이다. 최근에는 지구 위기를 공감한 사람들에 의해 환경운동이 활발하게 일어나고 있지만, 오염 훼손되는 정도에 비하면 극히 미미한 형편이다.

비록 환경 문제뿐만 아니다. 정보통신 기술의 발달로 인터넷 환경 등 다양한 변화가 있다. 또 생명공학의 발달로 대량 복제술, 유전자 조작 등의 과거에는 상상조차 못 하던 혁명이 일어나고 있다. 이런 급변하는 환경 속에서 자칫 인과의 도리를 잊어버린다면 인간의 미래는 암울할 것이다. 소박한 인과의 가르침을 보여주는 치악산에서 인류 미래의 희망을 찾아본다.

부처님의 산,
사자산(獅子山)

  사자산獅子山은 횡성군과 평창군 방림면, 영월군 수주면에 걸쳐 있는 해발 1181m의 준봉이다. 정상은 바위봉우리로 이어져 있고, 산중 곳곳의 계곡에는 크고 작은 연못과 폭포들이 있다. 백덕산 북서쪽 산줄기 3㎞ 지점에 있는 사자산은 원래 산 밑의 법흥사가 신라 구산 선문의 하나인 사자산파의 본산이었던 관계로 유래된 것이다. 사자산이 특별한 존재 이유를 갖는 것은 우리나라 5대 적멸보궁의 한 곳인 영월 법흥사가 있기 때문이다.

  우리나라에는 사자가 살지 않음에도 일찍부터 사자산, 사자봉 등의 이름이 많이 남아있고, 사찰 등의 건축물에 사자의 조각 등이 있는 것은 불교문화의 전래를 통해서이다. 불교 경전에서 사자는 부처님의 전생으로 표현되기도 하고 부처님을 상징하기도 한다. 그래서 부처님이 앉아 계신 자리를 사자좌, 뭇 중생의 가슴을 시원하게 하는 부처님 진리의 말씀을 사자후라고 한다.

  불교 교단이 인도에서 한참 전법 활동을 할 때, 인도 사회에는 다양한 종교와 사상이 유행하여 상당히 혼란스러웠다. 그럴 때마다 부처님의 가르침이 전해지면 모든 사상가나 종교인들이 자기들의 잘못을 인정하고 조용해졌다. 실제로 부처님 10대 제자로 이름을 날린 마하가섭이나 사리불 등도 처음에는 다른 가르침을 따르다 부처님의 설법을 듣고 불교에 귀의한 경우이다. 그 외에도 교주와 제자들이 집단으로 부처님 가르침에 귀의하기도 했다. 숲속 사자의 큰 소리에 모든 짐승이 소리를 죽이고 조용하듯이, 부처님의 가르침에 다른 사상을 따르던 이들이 불법에 귀의하므로 사자후라 하는 것이다.

《보우경(寶雨經)》이라는 경전에서는 사자를 보살에 비유했는데, 공통점을 다음과 같이 비유하고 있다.

> 첫째, 사자는 숲속의 왕이므로 두려울 것이 없으며, 보살은 두려움과 괴로움이 없다.
> 둘째, 사자의 소리는 위엄이 있고, 보살의 말씀은 지혜와 진리를 담고 있으므로 최고이다.
> 셋째, 사자는 항상 자신이 있으며, 보살은 용맹정진하는 힘이 있다.
> 넷째, 사자는 여유롭게 다니며, 보살은 걸림 없이 두타행을 실천한다.
> 다섯째, 사자는 굴속에 있을 때 꼼짝하지 않으며, 보살은 깊은 선정에 들어 정신력을 강화한다.

이런 다양한 공통점에서 사자는 부처님과 보살에 비유되어 오고 있다.

사자후는 이제 그 뜻이 일반화되어 사회에서도 많이 사용되는데, 모두 공감할 수 있는 시원한 이야기를 뜻할 때 사자후라 한다. 혹은 여러 이야기와 의견을 잠재울 수 있는 확실한 연설을 사자후라고 한다. 젊은이들이 좋아하는 가요에 사자후라는 제목이 있으니 이미 우리에게 익숙한 용어로 정착된 듯하다. 이곳도 부처님 진신사리를 모신 적멸보궁이 자리 잡고 있으므로 사자산이라는 이름이 붙게 된 것이다. 전남 장흥의 사자산이나 달마산의 사자봉 등도 부처님을 모신 산이라는 의미로 지어진 이름이라 과거에 많은 구도자가 겸손한 마음으로 수행한 곳이라는 것을 알 수 있다. 신라 말에는 구산선문의 하나인 사자산문의 법통이 융성했고, 수행자의 발길이 끊이지 않던 성지 사자산은 최근 영동고속도로와 중앙고속도로의 개통으로 더욱 가까이 와 있다. 항상 기도하는 불자의 발길이 끊이지 않는 명산이지만 교통의 편리함이나 유명세로 인해 오염되거나 무분별한 개발이 되어서는 안 되겠다.

* 전남 영암군 월출산 사자봉, 해남군 달마산 사자봉 등이 있다.

관세음보살 주석처,
낙산(洛山)

　강원도 양양군 낙산사는 동해를 내다보시는 해수관음보살상과 홍
련암, 의상대, 낙산해수욕장 등으로 국민에게 널리 알려진 명승지이
다. 낙산사가 자리한 산이 바로 낙산洛山인데 보타낙가산의 준말이다.
모든 중생의 고통을 없애주는 대자대비의 큰 원력을 세운 관세음보살
이 머무시는 곳이 바로 보타낙가산이다. 그래서 중국에도 낙가산이
라는 지명이 있고, 서해 강화도 옆의 작은 섬 석모도에도 낙가산이
있다. 신라의 의상법사가 당나라에서 돌아와 강원도 양양 해변에 관
세음보살 진신이 머문다는 말을 듣고 산 이름을 낙산이라고 하였다.
　이곳 강원도의 낙산은 남해 금산과 서해 낙가산과 함께 관세음보살
3대 기도 도량으로 알려져 관세음보살님께 기도하는 사람들의 발길
이 끊이지 않는 성지이다. 이곳 낙산에 세워진 낙산사는 주 법당이
관세음보살을 모신 원통보전이며, 동해를 지키는 해수 관세음보살이
모셔져 있는데, 바다를 생업의 장으로 살아가는 어민들의 안전을 간
절히 기원하는 정성이 배여 있다. 바닷가 절벽 위에는 홍련암이라는
법당이 있는데 법당 마루에는 아래쪽을 내다볼 수 있는 작은 구멍이
있다. 여기를 통해 내다보면 파도가 들락거리는 모습이 신기하다.

관음 기도 도량이라 그런지 관세음보살 친견을 간절히 바라는 불심佛心에 금방이라도 관세음보살이 나타날 것 같은 느낌을 준다. 의상대 남쪽에 보타전이라는 법당에는 일곱 분의 관세음보살상을 봉안하였다. 관세음보살은 33관음, 천수천안 관음 등 다양한 모습으로 우리 중생들의 기원을 들어주시고 가까이 나타나지만, 온갖 번뇌에 뒤덮인 우리는 보지 못하고 느끼지 못하고 있어서 관음보살 기도가 더욱 필요한 것이다. 온갖 선입견과 고정 관념으로 시력이 나빠져 있는 것이다. 수행이 높은 고승들도 눈앞에 오신 관세음보살님을 알아보지 못하고 낭패한 예가 역사의 교훈에 나타나니, 형식과 물질적 측량에 익숙한 현대의 중생들이야 오죽하겠는가. 낙산사 보타전에서 내려오면 연못 가운데에 가만히 있는 자라들이 한가롭게 화두를 던진다. 그대는 아직도 관세음보살님을 못 보셨나요?

4부

충청도

온갖 번잡함을 떠난 곳,
속리산(俗離山)

  충북 보은군과 경북 상주시에 걸쳐 있는 속리산俗離山은 소백산맥 가운데 있으며 뛰어난 경치로 예로부터 조선 8경의 하나로 꼽히며 제2의 금강이라 불리던 명산이다. 최고봉인 천황봉(1057m)을 중심으로 비로봉毘盧峰(953m), 문수봉, 문장대, 관음봉觀音峰(982m)이 연봉을 이루어 한 폭의 만다라를 펼치고 있다. 비로자나 부처님 세계를 뜻하는 비로봉, 보문普門으로 온갖 중생의 원願을 들어주시는 관세음보살을 모신 관음봉, 문수보살의 지혜를 보여주고 있는 문수봉 등 속리산의 주요 봉우리 이름에 자비 광명이 가득함을 한 번에 알 수 있다.

  또한, 속리산은 예로부터 8명名, 8봉峰, 8대臺 등이 유명한데, 불교 사상으로 장엄한 후불탱화를 연상시킨다. 여덟 가지 이름이란 광명산光名山, 지명산智明山, 구봉산九峰山, 미지산彌智山, 형제산兄弟山, 자하산紫霞山, 소금강小金剛, 속리산을 말하며, 8봉峰은 천황봉, 비로봉, 길상봉, 관음봉, 문수봉, 보현봉, 수정봉, 요봉 등이고, 8대臺는 문장대, 입석대, 봉황대, 청법대, 경업대, 배석대, 학소대, 은선대를 말한다. 이처럼 속리산 곳곳에는 부처님과 보살님의 명호, 불교사상을 나타내는 이름으로 장엄하여 있어 잘 설계된 불교 성지의 모습을 보여주고 있다.

원래 속리俗離는 번잡하고 욕망에 물든 속세를 떠난 곳이라는 의미인데, 이 속리산에 부처님의 법(진리)이 항상 머문다는 뜻을 가진 법주사가 있으니 이름 그대로 가 진리가 살아 숨 쉬는 이상 세계라 하겠다. 이곳에 있는 법주사法住寺는 신라 진흥왕 14년(553)에 세워진 유서 깊은 고찰로 다음과 같은 내력이 전해지고 있다. 법주사가 창건된 지 233년이 지난 신라 선덕왕 5년(784) 진표율사가 김제 금산사로부터 이곳 속리산으로 오게 되었다. 진표율사가 이곳을 지나자, 들에서 밭을 갈던 소들이 모두 무릎을 꿇고 율사를 맞이하는 것을 보고 사람들이 '짐승까지 저러한데 하물며 사람에 있어 서랴. 참으로 존엄한 분일 것이다.' 하고 머리를 깎고 진표율사를 따라 입산수도하는 사람이 많아졌다.

그래서 이때부터 '속세를 떠난다'라는 뜻으로 이곳을 속리산이라 부르게 되었다고 한다. 그 후 의신조사義信祖師가 인도에서부터 흰 나귀 등에 불경을 싣고 이곳에 이르러 절을 세우고 율법의 진리를 폈으므로 '법法이 머무는 곳'이라 하여 법주사라고 하였으며, 진표율사가 제자에게 불법을 전수하면서 속리산에 들어가 길상초吉祥草가 난 곳에 절을 세우게 하였으므로 처음에는 길상사吉祥寺라 하였다고 한다.

온갖 욕망과 번뇌, 갈등으로 가득 찬 사바세계의 중생들에게는 이상 세계가 그리울 뿐인데, 이곳 속리산 법주사는 그 이름에서부터 우리들의 마음을 편안하게 해주고 있다. 그래서 그런지 사시사철 수많은 인파가 몰려와 싱그러운 진리의 숨결을 마음껏 들이마시고 가는 명소가 되었다. 사는 것이 고달프고 힘들 때 속리산 법주사를 찾으면

넘쳐나는 역동적인 에너지를 얻게 된다. 산 이름 절 이름에 걸맞은 세상이 기다리고 있기 때문이다. 그렇다고 해서 눈에 들어오는 피상적인 겉모습만 한 바퀴 휙 돌아보고 내려온다면 속리산의 정기를 전혀 받지 못할 것이다.

산 이름, 봉우리 이름에 담긴 의미를 곰곰이 생각해보고 속세와 진리의 세계가 어떻게 다른지를 화두話頭 삼아 최소한 반나절이라도 속리산의 품속에서 지내보아야 한다. 물론 일상의 얕은 생각에 폭 절어 있는 중생심으로는 짧은 시간에 속진俗塵을 벗을 수 없지만, 위대한 속리산의 정기는 새로운 기운을 불어넣어 줄 것이다. 해서 속세를 떠난 진리의 세계에서 부처님의 가르침을 가슴속에 받아들이고 다시 삶의 터전으로 돌아올 때, 속세와 열반의 세계가 둘이 아님을 깨달을 수 있다면 속리산이라는 이름에 담긴 뜻이 다시 새로워질 것이다. 이제 반복되는 일상생활에 쫓겨 바쁘다는 핑계를 멀리 쫓아버리고 속리산 법주사에 들러보자. 고운 최치원의 시를 음미하며 말이다.

도(道)는 사람을 멀리하지 않으려 하나, 사람이 도를 멀리하고 (道不遠人 人遠道)
산은 속세를 떠난 것이 아니련만 속세가 산을 떠나 있네 (山非離俗 俗離山)

온 중생이 도솔천의 평화를 누리길 염원하는
소백산(小白山)

조선 명종 때의 남사고가 소백산小白山을 보고 "이 산은 사람을 살리는 산"이라고 했다는 기록이 《택리지》에 나온다. 충청북도 소백산은 험하지 않으면서 무게가 있고 사람들을 끄는 힘이 있는 덕산德山이다. 유별난 개성이 없으면서도 푸근함과 덕스러움을 간직한 편안한 산임을 느낄 수 있다. 소백산의 주요 봉우리 이름을 연결하면 거대한 법당을 이루게 된다. 주봉인 비로봉(1439m)을 비롯하여 연화봉, 도솔봉, 원적봉의 이름을 합쳐 풀이하면, '삼라만상이 무한한 평화를 나누는 도솔천 하늘 세계에 앉아 계신 부처님'이라는 뜻이 된다. 즉 소백산은 부처님 세상, 범인凡人이 함부로 근접할 수 없는 부처님 세계임을 나타내는 봉우리 이름이 어느 산보다 많아 산 전체가 빛이 나는 느낌이 든다.

그러나 한편 아쉬운 점은 이런 아름다운 뜻이 담겨 있는 우리의 산 봉우리 이름을 우리 스스로가 잃어버리고 있다는 사실이다. 국립지리원 발행지도 축적 지형도에는 연화봉 자리가 이름 없는 무명봉으로 처리되어 있다. 원래 이 연화봉은 희방사의 배경이 되는 산으로 지금은 국립 천문대가 있는 봉우리이다. 잃어버린 소백산 연화봉의 이름은 언젠가는 되찾아야 할 것이다. 소백산 연화봉에 저 넓은 우주를 내다보는 천문대가 생긴 것도 결코 우연이 아닐 것이다. 부처님 세상을 뜻하는 연화봉에서 저 미지의 우주를 살펴보고 있으니, 마치 소백산이 부처님 세계로 가는 출입문과 같은 배열이 되어있는 것 같다. 지도상 무명봉인 연화봉에는 그나마 다행히도 1982년 영주산악회에서 세운 소백산 비석과 연화봉 정상 표지석이 있고, 산을 찾는 모든 산악인은 연화봉의 존재를 확실히 알고 있다는 것이다.

아름다운 연꽃의 산, 보련산(寶蓮山)

　충북 진천군 진천읍에 자리 잡은 보련산寶蓮山은 〈대동여지도〉에 길상사와 함께 기록되어 있으나 한동안 제 이름대로 대접받지 못하다 근간에 보탑사가 건립되면서 그 이름이 다시 빛나게 되었다. 진천 보련산 봉우리들 속에 세워진 보탑사 목조 통일대탑은 보련산 기슭 1000여 평의 대지 위에 세워졌다. 이 통일대탑은 기단과 상륜부를 포함한 전체 높이가 42.75m에 이르는 초대형 목탑으로 80m나 됐던 황룡사 9층 목탑보다 작지만 현존하는 법주사 팔상전(30m)이나 전남 화순 쌍봉사 3층 목탑(15m)보다는 훨씬 높고 크다.

　특히 팔상전과 쌍봉사 3층 목탑은 내부가 단층인 데 비해 보탑사 통일 대탑은 바깥 모습으로는 3층이며 내부는 계단을 통해 사람이 오르내릴 수 있어 황룡사 9층 탑의 맥을 잇는 건물이라 할 수 있다. 서울 삼선포교원의 주지 스님이신 지광스님께서 큰 원력을 세워 일본, 중국 등의 목탑을 둘러보시고 황룡사 9층 탑의 계승을 생각하며 보련산에 보탑사를 세우니 실로 단절되어 가던 탑의 역사에 중요한 분기점이 된다.

　과거에 불교가 융성하던 시절에는 목탑, 토탑 등의 건축이 많았으나 최근에는 제대로 된 탑 문화가 없었던 게 사실이다. 또 법주사 팔상전이나 쌍봉사 3층 목탑의 경우 통층(밑에서 위까지 통해 있어 내부는 1층의 역할만 하게 되어 있는 형식)이어서 실용성이나 다양성이 부족하지만, 보탑사의 내부는 정말 실용적으로 되어있다. 오르내릴 수 있는 계단도 양쪽으로 나 있어 편리하며 층마다 배치가 사상적으로나 문화적으로나 깊은 배려가 되어있어 역사에 길이 남을 성보문화재라 하겠다.

먼저 일층은 탑의 핵심인 금당으로 가운데 심주心柱를 중심으로 동서남북으로 사방불을 봉안했다. 사방불四方佛 신앙은 불교의 초기부터 시작되어 인도에서 중국, 한국을 거쳐 일본에 이르기까지 많은 건축물이 남아있다. 우리나라에는 6세기 백제시대에 조성된 충남 예산의 석주 사방불, 경주 칠불암 터 사면 석불 등이 간신히 그 명맥을 유지해오고 있다. 이제 보탑사 1층에 명맥을 이어 제대로 봉안하니 그 불사의 뜻이 역사에 빛날 일이다. 먼저 동방에는 약사보전, 서방에는 극락보전, 남쪽에는 대웅보전, 북쪽에는 적광보전을 배치하여 각각 본존불과 협시보살을 모셨다.

두 번째로 이층에는 법보전法寶殿을 설치하여 윤장대輪藏臺와 《한글법화경》을 석경에 봉안하고 있다. 3층은 미륵전으로 법회나 예식을 할 수 있는 넓은 법당이다. 보탑사가 자리하며 보련산과 길상산이 그간 이름을 지켜온 역사의 의미를 깨우쳐 준다. 보련산에는 백비(비문을 새기지 안은 비석으로 우리나라에 3기만 있음)가 역사를 지켜오다 보탑사 창건 과정에 많은 와당이 나와 큰 절터임이 확인되었다. 그동안 보련산은 그 이름조차 잊혀 버리고 바로 옆의 만뢰산과 백비白碑로만 역사의 흔적을 이어 오고 있다 〈대동여지도〉에 남아있던 보련산이 다시 살아난 것은 바로 보탑사가 건립되면서부터이다.

보탑사가 자리 잡자 마치 아름다운 보배 연꽃이 피어오르는 형상을 갖추게 되고, 수많은 사람이 찾게 되자 보련산의 명성이 더욱 빛나게 된 것이다. 더불어 아래쪽의 길상산도 그 이름이 알려지게 되었다. 이 길상산은 김유신 장군의 태를 산자락에 묻었다 하여 태령산胎靈山이라고도 부르고 있으나, 원래 부처님의 다른 이름인 길상산吉祥山으로 기록되어 있다. 그러니까 이곳은 보련산, 길상산, 우리나라 3곳뿐인 백비, 김유신 장군의 탄생지 등이 모여 있는 불교 문화유산의 큰 축이었으나 어느 시대부터 그 명맥이 사라져 버린 곳이었다. 다행히 우리 시대에 이르러 보탑사를 건립한 스님의 큰 지혜로 한순간에 역사의 명맥을 되살려내었으니 이 얼마나 기쁜 일인가?

걸림 없는 관세음보살의 대자대비,
원통산(圓通山)

　　원통산圓通山은 충북 음성군 감곡면에 있는 작은 산이다. 원통의 뜻은 무엇일까. 원만하여 널리 모든 존재에 두루하고 방해됨이 없이 모든 존재에 작용하기 때문에 원통이라고 한다. 또 지혜로 진여의 이치를 널리 깨닫는 수행을 원통이라고도 한다. 이처럼 원통은 둥글고 막힘이 없는 여법한 진리의 세계를 말하는 것이다. 관세음보살을 원통대사라고도 부르며 관세음보살을 모신 곳을 원통전, 원통보전이라고 부른다. 대표적으로 낙산사의 원통보전이 있다. 원통은 널리 두루 통함으로 방해됨이 없는 것을 말한다.

　　관세음보살의 이름을 살펴보면 모든 중생을 살펴보시고 중생이 바라는 모든 소리를 들어주신다는 뜻이다. 그래서 관세음보살 기도를 할 때 앞부분에 '나무 보문 시현 원력홍심 대자대비 구고구난 관세음보살…'이라고 한다. 그 뜻을 살펴보자. 먼저 보문普門은 넓은 문을 뜻하고 문 없는 문, 차별 없는 문을 말한다. 그러므로 '차별 없이 누구에게나 그 구원의 문을 열고 큰 사랑으로 중생의 고통과 어려움을 없애주시는 관세음보살님께 귀의합니다'라는 뜻이다. 우리 중생이 원하면 항상 살펴주시고 들어주시는 보살님이기에 모남이 없어 원통대사라 부른다.

지금 우리 사회의 답답하고 안타까운 모든 문제도 통하지 않고 막혀 있기 때문이 아니겠는가. 눈이 있되 보지 못하고 귀가 있되 듣지 못하는 어리석음에 계속 악순환하는 사회현상이 얼마나 많은가. 그런 면에서 제 죽을 줄 모르고 불빛에 뛰어드는 나방이나 하루살이 같은 사람도 주위에 얼마나 많은가? 불자들은 부처님의 가르침을 열심히 배워 지혜로 이 험한 세상을 살아가는 살림을 마련해야 할 것을 원통산의 이름에서 배우기를 바란다. 또한, 이런 깊고 좋은 뜻이 담긴 원통산이 어찌하여 중생들의 삶 속에 아주 가까이 있는 작은 산 이름에 나타나고 있을까. 여기에 담겨 있는 조상들의 깊은 안배와 배려를 알아야 한다.

* 경기도 포천시 일동면 유동리에도 원통산이 있다.

사바세계의 일곱 가지 보배,
칠보산(七寶山)

칠보산七寶山은 괴산군 장연면과 칠성면에 걸쳐 있는 해발 778m의 아름다운 돌산이다. 온통 바위 능선과 노송이 어우러져 솔 향기 그윽한 동양화를 연상케 하는 산으로 보개산과 어깨를 같이하는 산이다. 칠보산에는 신라 시대 때 창건된 고찰 각연사와 보물 제433호인 석조비로자나불좌상, 통일 대사 탑비 등이 있다. 산 정상에서 내다보는 주위의 전망도 빼어나게 아름답다. 동으로는 희양산에서 힘차게 다가오는 소백산맥이 우람하게 보이고, 남으로는 소백산맥을 대아산으로 연결해주는 장성봉이 마치 성곽처럼 눈에 들어온다. 서쪽으로 연결된 보배산이라는 이름은 칠보산의 연장이 아닌가 생각된다.

칠보는 범어 sapta-ratna로 칠진七珍이라고도 번역한다. 여러 경전에서 칠보가 등장하는데 보통 1) 금 2) 은 3) 유리(푸른색의 옥 종류) 4) 파리(玻璨, 적색, 백색 등의 수정) 5) 차거(車渠, 백산호) 6) 적주(붉은 진주) 7) 마노(碼碯) 등이며, 산호, 호박, 진주, 명월주 등을 가감하기도 한다. 또 전륜성왕(轉輪聖王, 인도신화에 나오는 이상적 군주)이 소유하는 칠보도 있는데 다음과 같다. 1) 윤보(輪寶) 2) 상보(象寶) 3) 마보(馬寶) 4) 주보(珠寶) 5) 여보(女寶) 6) 거사보(居士寶, 재무장관에 해당) 7) 주병

신보(主兵臣寶, 장군을 말함).

또한 《무량수경》에 일곱 보배로 이룬 꽃, 칠보화七寶華가 등장하며, 다보탑의 다른 이름 칠보탑, 칠보로 이루어진 수림樹林을 칭하는 칠보항수七寶行樹-극락정토의 숲을 말함-등이 보인다. 이외에도 경전에는 칠보에 관한 기록이 많이 보인다. 다른 가치가 크지 않은 시대에 보석은 절대적 가치를 지니고 있어 경전에 비유로 많이 인용되고 있다. 자본주의가 발달한 오늘날은 부동산, 주식, 아파트, 승용차 등이 부의 상징으로 보석의 자리를 대신하고 있다. 그렇다면 오늘을 사는 사람들에게 가장 큰 보배는 무엇일까. 건강, 명예, 재산 등이 대부분 사람이 추구하는 보물일 것이다.

하지만 이런 보배보다 더 중요한 참된 보배는 바로 부처님의 가르침에 따르는 삶이다. 보물은 사람의 마음 표현이다. 자신이 가장 귀하게 여기는 것을 물질로 나타낸 것이 보물이다. 내 마음속의 가장 소중한 것을 상대에게 전달할 수 있다면 그야말로 최고의 보물이지 않겠는가? 결혼식에서 남녀가 주고받는 다이아몬드 반지도 서로의 마음을 표현하는 것이지 반지 하나가 삶을 윤택하게 하는 것이 아니다. 초심初心을 잊지 말자는 의식일 뿐이다. 진정 주고받아야 할 것은 변하지 않을 마음이다. 일곱 가지 보물로 나타낸 물질이 갖는 상징적 의미를 되새겨 보아야 하지 않을까. 자본주의 사고방식으로만 보지 않고 내밀한 아름다움을 찾아내는 소박한 눈으로.

* 칠보산은 경기도 수원시, 경북 영덕군 등에 같은 이름이 있다.

온 누리에 자비의 빛을 펼치는
보광산(普光山)

    괴산군 사리면에 있는 보광산普光山은 그리 유명한 산은 아니다. 나지막한 흙산으로 가족 단위로 등산도 할 수 있는 부담스럽지 않은 높이의 산이다. 하지만 산 이름에 담긴 뜻은 예사롭지 않다. 그 의미를 살펴보자. 보광은 광명이 널리 비쳐 시방十方을 두루 비치는 것을 의미하며, 또한 승만부인의 미래 부처 이름이다. 승만부인은 인도 사위국 파사익왕의 딸로 아유사국의 왕비가 된다. 승만부인이 부처님께 자기의 생각을 여쭙고, 부처님께서 기쁜 마음으로 가르침을 베푼 것이 《승만경》이라는 경전으로 남는다. 3만 아승지겁을 지난 후에 보광여래가 된다는 기록이 《승만경》에 전해진다. 보광의 대표적인 또 다른 의미는 인因이 원숙하고 과果가 만족한 불지佛地를 말한다. 그러므로 보광이 지닌 의미는 온 누리에 자비의 빛이 그윽한 부처님 세계를 말하고 있다. 빛이 없는 세상을 우리는 암흑세계라 하고 빛이 있는 세상을 극락이라고 한다. 유사 이래로 인류는 빛을 희망, 이상 세계로 표현해왔다. 부처님의 자비의 빛은 두루 비치지 않은 곳이 없다.

십대제자 마하 가섭,
가섭산(迦葉山)

음성군 음성읍 용산리龍山里에 있는 가섭산迦葉山은 해발 710m로 음성의 진산鎭山이다. 산정山頂에는 예로부터 봉수대烽燧臺가 설치되어 동으로는 충주 마산馬山에, 북으로는 음성 망이산望夷山으로 전하는 통신역할을 하였으며, 현재는 통신중계소가 설치되어 있다. 산정에 있는 석정石井은 수질水質과 물맛이 좋고, 특히 위장병에 효험이 있다 하여 약수로 알려졌다. 산 이름에 맞게 기슭에는 고려 공민왕 때 창건한 유서 깊은 가섭사迦葉寺가 있다. 정상에는 헬기장과 송신탑이 있어 시멘트 길이 나 있고 작은 주차장까지 있으니 산이 지닌 자연의 위대함이 초라할 뿐이다.

산 이름인 가섭은 부처님의 10대 제자 중 으뜸가는 제자였다. 원래 바라문 출신으로 결혼 조건을 바라문교에 입교할 것을 내세울 정도였으나, 후에 부처님의 명성을 듣고 부인과 함께 불교에 귀의한다. 가섭은 부처님 가르침을 두타로 실천하며 포교에 힘을 다하여 교단의 상수제자로 존경받았으며, 10대 제자 중 으뜸가는 수석제자가 되어, 부처님 열반 후 최초의 불경 편찬회의인 제 1차 결집結集을 주도했다. 선가禪家에서는 부처님 법을 이어받은 제 1조祖로 받들고 있다.

말없이 마음과 마음으로 통하는 것을 뜻하는 염화미소拈華微笑도 바로 부처님과 가섭의 일화에서 나온 말이다. 석가모니 부처님과 가섭존자의 이심전심以心傳心은 세 번 이루어져서 삼처전심三處傳心이라고 하는데, 첫째가 영취산에서 설법하실 때 많은 대중 속에서 오직 가섭만이 부처님께서 꽃을 든 까닭을 아시고 미소를 지으니 염화미소라 한다. 둘째는 다자탑多子塔 앞에서 설법하실 때, 남루하고 초라한 모습의 가섭에게 자리를 절반 내주어 앉게 하여 마음을 전하니 '다자탑전 반분좌半分坐'라 한다. 셋째는 곽시쌍부槨示雙趺라 하는데, 부처님 열반 후 다비식장에서 뒤늦게 도착한 가섭에게 다리를 내밀어 보여주는 장면이다. 부처님의 마음이 문자나 말씀으로 전해진 것이 아니라 세 번의 자리에서 마음으로 전해진 것이다. 여기서 우리는 가섭존자의 수행 정도를 알 수 있다. 가섭존자는 말이 필요 없이 부처님의 마음을 알고 실천한 것이다. 수많은 제자 중에서 부처님 법을 이어받은 수석제자로 경전을 편찬하고, 불교교단의 발전에 이바지한 것이다.

이러한 가섭존자의 이름을 산 이름으로 정한 사람의 의도는 가섭존자의 실천행을 이 땅의 모든 사람에게 깨우쳐 주기 위함일 것이다. 산을 찾을 때 산 이름의 유래를 알고 선인의 지혜에 감사하는 마음을 가질 줄 아는 후손이 되어야 한다. 맹목적인 산행과 관광성 산행은 이 땅을 물려준 선조들에 대한 모독이다.

모든 이의 궁극 목적 성불,
성불산(成佛山)

　괴산군 괴산읍에 있는 성불산成佛山은 해발 532m의 낮은 산이나 사방이 탁 트인 시야가 좋은 산이다. 성불산은 산 정상에 불상이 있었다 하여 성불산이라는 이름이 생겼다는 속설이 전해져 오고 있으나, 그런 연유로 성불산이라는 이름이 이어져 온다는 것은 이치에 맞지 않는다. 성불이라는 이름이 지닌 의미가 너무 좋은 말이기 때문이다. 그러므로 모든 중생의 목표는 성불에 있다는 큰 가르침을 널리 알리기 위해 성불산이라는 이름이 지어졌을 것이다. 부처가 된다는 것은 실로 인간 최대의 목표라 할 수 있다. 그 목표가 비록 성취되기 어렵다 하더라도 우리는 노력해야 한다. 불가(佛家)에서 나누는 인사법에 '성불합시다', '성불하세요'라고 하는 것은 바로 인간에 대한 최고의 존중을 담고 있다.

　스님들이 온갖 어려움을 이겨내고 염불, 좌선, 독경, 간경을 통해 성취하고자 하는 것이 바로 성불이며, 이는 재가 불자도 마찬가지이다. 불자들은 '금생에 이렇게 좋은 인간의 몸을 받아 성불하지 못하면 언제 하겠는가?'라는 생각을 나눈다. 이런 긍정적인 생각은 삶을 능동적으로 만들고 주체적인 삶이 되게 한다. 일반적인 사람들의 인생

목표는 부귀와 명예, 쾌락의 향유 등에 있기 때문에 목표 성취 과정에 정당성과 도덕성이 없을 수도 있으나 불자들의 목표인 성불은 그 첫 마음부터 끝까지 한결같아야 한다. 성불산이라는 산 이름을 말하고, 듣는 과정을 통해 인생의 목표를 한 번 더 생각해보게 하는 기회를 만든 조상들의 지혜에 감사드리자.

정의를 지키는 코끼리왕, 상왕산(象王山)

　　서산시 운산면 신창리에 있는 상왕산象王山은 해발 307m의 아담한 산이다. 속설에 의하면 옛날 상왕이 이곳에 도읍을 정하였다는 설과 상왕의 무덤이 이 산에 있었기 때문에 상왕산이라 하였다는 기록이 법인대사 비문에 있다고 서산군지에 기록되어 있으나 실제로 법인대사 비문에는 이런 기사는 보이지 않았다. 이 산 위 줄기에는 석문봉, 입모산, 문수산 등이 있는데 특히 상왕산의 개심사開心寺는 주변 경관까지 신비로운 충남 4대 사찰로 일반에 널리 알려져 이곳을 찾는 사람들이 줄을 잇고 있다. 개심사는 이름 그대로 부처님 가르침을 받아들여 마음의 문을 열 것을 알려주는 사찰이다.

　　상왕산은 상두산, 가야산과 같은 의미로 쓰이고 있다. 가야는 산스크리트어 gaya의 음역이고, 그 뜻은 코끼리이기 때문이다. 인도의 중부 지방에 가야라는 도시가 있고 인근에 부처님이 깨달음을 성취한 부다가야가 있다. 이곳에 있는 가야산을 한문으로 옮긴 것이 상두산, 상왕산인 것이다. 산 모양이 코끼리 머리 모양을 닮았다 하여 상두산이라 하고, 부처님 법을 호위하는 상징적인 동물이므로 상왕산이라 한다. 일반적으로 코끼리는 성질이 유순하고 평화적인 동물로 알려져 있다. 그러나 몸집이 크고 힘이 세어 다른 동물들을 압도하므로 불교를 지키는 동물로 경전에 등장한다. 코끼리가 없던 한국에 코끼리와 관련된 산 이름이 많은 것도 불교문화의 영향이다.

* 강원도 오대산에도 상왕봉이 있다.
* 전북 정읍시에도 상두산(575m)이 있다.

거룩한 생각하는 이들이 모여 사는 곳, 성주산(聖住山)

차령산맥의 끝자락 성주산聖住山은 성인과 선인들이 많이 살던 곳이라 하여 성주산이라 했다. 보령시 성주면에 자리 잡은 성주산은 이제 고찰 성주사만 옛터를 지키고 있고, 과거 수많은 성인이 머물고 출입하던 역사의 발자취는 찾아보기 힘들다. 그나마 성주산이라는 이름이라도 지켜오고 있으니 얼마나 고마운 일인가. 사실 이 땅의 아름답고 가치 있는 지명들이 얼마나 많이 사라져가고 있는지 모른다. 일제 침략기를 거치면서 의도적으로 없애거나 슬쩍 바꾼 이름도 많다. 서양 문물의 홍수 같은 유입 속에 변질하거나 없어진 경우도 많으며, 자연스럽게 잊어버린 이름 또한 부지기수이다.

산은 자연의 생명력이 총체적으로 살아 움직이는 생명체이다. 이 산에 찾아 들어 또 다른 생명을 불어넣은 사람들은 수행자들이다. 불교의 스님들을 비롯하여, 심신을 닦는 수행자들이 산에서 수행하며, 산의 정기와 같이 호흡한 것이다. 그래서 산은 저절로 성인 혹은 성인이 되기 위해 산을 찾는 진지한 수행자들의 발길로 가득 차게 된 것이다. 시대를 뛰어넘는 위대한 고승들의 발자취가 전국 명산 곳곳에 나타나는 이유도 여기 있다. 아무리 명산이라 하더라도 계속 머물지 않고 여러 명산을 찾아 수행하는 것이다. 원효스님의 발자취, 전국 곳곳에 나타나지 않는 곳이 없는 도선스님, 북쪽 묘향산에서 해남 두륜산까지 이름을 남기고 있는 서산대사 등이 대표적인 경우이다. 이렇게 해서 명산에는 수행 정진하는 구도자들이 산의 정기를 받으며, 산 이름을 빛내기도 한다.

하지만 이제는 사정이 너무나 달라졌다. 산의 정기를 지키기는커녕 최소한의 생명력으로 산이 유지되고 있다. 근교의 산은 골프장과 당장 이익만을 생각하는 개발 등으로 벌거숭이가 되고 있고, 효율성만 강조한 전력회사에 의해 백두대간마저도 고압선 철탑과 위압적인 고압선에 눌려있다. 그뿐만 아니라 군사적 목적으로 헬기장, 레이더 시설 등이 자연환경을 고려하지 않은 채 건설되어 산 정상을 사정없이 짓밟고 있다. 훈련을 위해 출동하는 전폭기, 전투기의 굉음은 명산과 고찰의 지붕 위를 염치없이 날고 있다. 자연의 시간도 굳이 무시하고 굉음을 폭사해낸다. 이런 환경에서야 어찌 거룩한 성인이 나기를 바랄 수 있고, 인간에게 맑은 공기와 좋은 환경을 만들어 주길 기약할 수 있겠는가?

물질문명이 앞선 서구나 미국 등에서는 오히려 자연보전과 환경에 대한 인식이 철저하다. 정신문화를 자랑하고 자연을 중시하던 한국인의 삶이 급격한 변화로 인해 자연과 괴리되고 있다. 후손에게 물려줄 소중한 자연, 우리가 잠시 빌려 쓰고 있는 자연에 대한 진지한 대책이 필요한 때다. 산을 중심으로 한 자연 유산도 분명 훌륭한 문화유산인 것이다. 성주산이 이름 그대로 거룩한 성인이 모여 사는 정토와 같은 세상이 되기 위해 힘을 모아야 한다.

천태대사의 지혜가 스며있는
천태산(天台山)

충북 영동군 양산면과 충남 금산군 제원면의 경계 지점에 자리한 천태산天台山은 충북의 설악이라 불릴 만큼 산세가 빼어난 산이다. 기암절벽과 나무숲이 조화를 이뤄 한 폭의 동양화 같은 경관을 자랑한다. 양산 팔경 대부분이 이 천태산 주변에 흩어져 있어 눈길 가는 곳마다 절경이다. 또한, 등산로도 잘 정비돼 가족 동반으로 찾아가기에 적당한 산이다. 산 정상에서 서쪽으로 서대산이, 남쪽으로는 성주산과 그 너머 덕유산이 보인다.

이렇게 아름다운 천태산의 이름에는 어떤 뜻이 담겨 있을까? 천태산은 중국 불교의 전성기 천태종에서 나온 이름으로 중국과 한국에서 이와 관련된 이름이 많이 남아있다. 중국의 천태산天台山은 절강성 태주부 천태현에 있는데, 천태스님은 중국 수나라 때 《법화경》을 중심으로 불교사상을 나타내는 천태종을 완성한다. 이후 천태산을 중심으로 《법화경》을 강설하며 수많은 제자를 두고, 《법화경》에 관한 저서를 많이 남겼다.

우리나라에는 천태산이 3곳에 있는데 모두 천태대사가 세운 천태종에서 그 이름을 따온 것이다. 불교 종파인 천태종의 교학에서는 부처님 평생의 설법과 내용을 여러 방법으로 분류했는데, 대표적인 것이 천태오시교天台五時教, 천태사교天台四教, 천태삼생天台三生 등이 있다. 그중 천태오시교를 소개하면, 화엄시華嚴時, 녹원시鹿苑時, 방등시方等時, 반야시般若時, 법화열반시法華涅槃時이다. 천태종은 우리나라에 들어와 신라의 현광스님, 법융스님, 고려의 체관스님 등에 의해 발전되었다. 그리고 대각국사 의천에 의해 한국의 천태종이 열려 오늘에 이르고 있다.

* 전남 화순군 춘양면, 전남 강진군 대구면, 경남 양산시 등에 천태산이 있다.

우리들의 이상향 극락정토, 정토산(淨土山)

　정토산淨土山은 충북 충주시 동량면 하천리에 있는 해발 670m의 산
이다. 정토淨土는 과연 어디에 있을까? 경전에서는 서방정토 극락세계
라고 한다. 해가 지는 서쪽으로 가면 모든 것이 깨끗한 극락세계가
있을까? 문득 무지개를 찾아가는 소년의 이야기가 생각난다. 정토는
방향과 공간의 세계가 아닌 인식의 세계이다. 내가 사는 이곳이 정토
이다. 지금 이 순간이 극락세계이다. 단지 이 사실을 인식하느냐, 못
하느냐의 차이일 뿐이다. 극락과 지옥의 차이를 비유한 이야기를 보
자. 같은 장소, 같은 중생들이 음식을 먹는데 서로서로 음식을 입에
넣어주는 곳이 극락이요, 자기 입에만 음식을 가져가지만 결코 먹을
수 없는 곳이 지옥이다.

　현실에서도 그렇다. 나라는 아상我相에 빠져 욕망을 좇는 삶과 주
위와 더불어 사는 배려의 마음이 전혀 다른 세상을 만든다.

　삶의 터전에서 앞산을 정토산이 부르며 매일 서방정토 극락세계를
바라보고, 올랐던 이 땅의 선배들이 정말 대단하지 않은가?

　충청권에는 이외에도 불교사상과 관련된 많은 산 이름이 있다. 일
부는 다른 지방 편에서 자세하게 알아보기로 하고 여기에서는 간략

히 소개하고자 한다. 먼저 부처님 십대제자 중 수석제자인 가섭존자의 이름인 가섭산이 제원군에 있으며, 여의보주를 뜻하는 마니산(경기도 편 참조)이 영동군에 있다. 모든 불자의 목표인 성불成佛을 다시한번 일깨워 주는 괴산군 소재 성불산, 부처님의 다른 이름인 무등無等을 의미하는 무등산(전라도 편 참조), 한국 어느 지역에서나 찾아볼수 있는 문수봉, 삼보를 잘 덮고 있다는(護持) 의미의 보개산 등이 있다. 또한 서산과 예산에 걸쳐 있는 가야산(경상도 편 참조), 나라의 스승을 뜻하는 국사봉國師峰 등도 충청도에 자리 잡고 있다.

어느 지역이나 마찬가지이겠지만 이곳 충청권에도 많은 산 이름과 봉우리 이름에 부처님 가르침이 가득 담겨 있다. 단지 이 시대를 살아가는 어리석은 후손들이 선조들의 깊은 지혜를 알지 못하는 것이 부끄러울 뿐이다. 늦은 감은 있지만, 차츰 우리 문화유산에 관한 관심과 연구가 서서히 일어나고 있어 다행이다. 하지만 아직 너무나 우리 민족 문화에 대한 국민적 이해가 부족한 현실에 살고 있다. 자신의 뿌리를 알지 못하는 민족이 어찌 다른 민족 문화를 이해하고 세계화를 이룰 수 있겠는가. 철학적 기초도 없이 정략적으로 세계화 정책을 펴다 나라 꼴을 엉망으로 만든 위정자, 어설픈 서구화로 민족 정체성과 가치관을 잃어버리고 방황하는 사람들, 대중매체의 어마어마한 위력 앞에 판단력을 잃고 문화의 노예가 되어버린 무기력한 대중, 이런 사람들이 주위에 많이 남아있는 한 아직은 문화민족이라 할 수 없지 않겠는가. 이 땅의 역사와 사상을 알고 국토에 흐르는 숨결과 혼을 느낄 수 있을 때 비로소 이 땅의 주인으로서 살아가는 자격을 갖추었다고 할 수 있을 것이다.

5부

전라도

부처님 세상 빛고을,
무등산(無等山)

　광주 시민의 어머니 품속 같은 무등산無等山, 무등산이라는 산 이름이 처음으로 눈에 띄는 것은 《고려사》인데 악지樂志의 삼국 속악 백제조三國 俗樂 百濟條를 보면 "무등산은 광주의 진산이다. 광주는 전라도에 있는 큰 고을이다. 이산에 성을 쌓았더니 백성들은 그 덕으로 편안하게 살며 즐거이 노래를 불렀다.(無等山 光州之鎭山. 州在全羅道巨邑. 城此山 民束負以安樂而歌之)"라는 기록이 있어 무등산이란 산 이름이 나타난다.

　광주 하면 떠오르는 무등산, 무등산은 바로 부처님의 땅이다. 그 이유는 산 이름에 나타나 있다. 무등無等은 범어 Asama로 아사마로 음역하기도 하며, 다른 중생에 비유해 서로 같을 수 없음을 말하는 (지도론 권2, 대일경소 권3) 부처님의 존호尊號이다. 또 부처님은 가장 높은 이어서 견줄 사람이 없고, 세간 중에서는 부처님과 같을 이가 없으므로 무등등無等等이라고도 한다. 부처님의 10가지 이름 가운데 무등등도 그중의 하나다. 그러므로 산 이름의 뜻으로 보면 무등산은 '부처님 산'으로 원효사, 증심사 등 명찰을 거느리고 빛고을 가운데 우뚝 서서 이 땅을 지켜오고 있다. 그러므로 무등산 자락 곳곳에는 부처님의 자비 정신을 나타내는 지명이 있다.

곳곳에 수많은 사찰과 고승들의 전설이 서려 있고, 산의 경관이 좋은 곳마다 불교적 명칭들이 있다. 봉우리 이름으로는 비로자나 부처님을 뜻하는 비로봉, 금강역사를 뜻하는 인왕봉, 부처님의 지혜를 나타내는 반야봉이 있고 수행자 이름으로 의상봉과 윤필봉이 있다. 또 정상에서 남동쪽으로 1㎞ 정도 거리에 광석대廣石臺라고도 하는 곳에 규봉圭峰이 있는데 부근에 규봉암이 있다. 규봉암 앞에는 여래존석如來尊石, 관음존석觀音尊石, 미륵존석彌勒尊石 등의 삼존석三尊石이 있다.

이는 무등산 전체를 하나의 큰 법당으로 보고 세 분의 부처님을 모신 모습이다. 그뿐만 아니라 봉우리에는 법화, 설법, 능엄 등의 대臺 이름까지 있으니 과연 무등산은 부처님 세상을 이 땅에 펼치려는 간절한 마음으로 이루어진 산이 틀림없다. 그리고 이런 이름이 지어졌을 때는 실제로 법화경이 강설되고, 민초들을 위한 설법이 계속되고, 부처님께서 영축산에서 설법하시고, 설악산의 화려함이나 지리산의 유장한 맛 등에 비하면 평범한 산으로 알려졌지만 자세히 속을 들여다보면 무등산이 지닌 깊은 멋이 새로움을 알 수 있다.

무등산 정상부에 있는 웅장한 암석군을 서석대瑞石臺라 하는데, 육당 최남선은 '세계적으로 이름난 명산인 금강산에도 부분적으로는 여기에 비길 경치가 없으며, 특히 서석대는 마치 해금강의 한쪽을 산 위에 옮겨 놓은 것 같다'라고 극찬하였고, 노산 이은상은 수정병풍에 비유하였다. 또한, 육당은 입석대를 천연의 신전으로 보고 이곳이 호남지방의 종교적 중심지라고 하였다. 무등산 남록의 저공너덜은 인도에서 온 지공스님이 이곳에 와서 석실을 만들고 좌선 수도하면서 법력으로 억만 개의 돌을 깔아 놓고 누가 밟아도 돌이 덜컥거리지 않게 하였다고 한다.

거슬러 올라가면 신라에 의해 삼국 통일이 되었을 때도 이 땅의 많은 민초들은 통일의 기쁨보다는 오랜 전쟁의 상처가 더욱 깊었고, 지배계층이 느낄 수 없는 수많은 아픔에 절규하고 있었다. 이때 부처님 땅 무등산을 찾은 사람이 바로 원효스님이었다. 원효스님은 백성의 아픔을 같이 느끼고 같이 울 수 있는 넓은 가슴을 가진 분이었다. 고통에 젖은 밑바닥의 백성들 삶 속으로 뛰어들어 자비의 법문을 몸으로 보여주셨다. 무등산 자락을 넘나들며 나무아미타불 관세음보살 기도를 같이하고 저잣거리와 산자락 작은 동네 어귀 등 발 닿는 모든 곳에서 동사섭同事攝한 것이다. 그 역사의 흔적이 무등산 원효사 등 곳곳에 전해지고 있다.

그렇다. 지공스님의 자상한 마음이 전해지는 저공너덜이 있고 원융무애 자유자재의 원효스님의 정신이 남아있는 무등산은 분명 불교사상으로 살아 있는 명산이다. 어디 이뿐이겠는가, 의상봉이라는 봉우리를 만들어 놓은 원효스님과 쌍벽을 이루던 의상스님, 중심사를 창건한 철감국사, 중심사를 중창한 혜조국사, 나옹스님, 승병장으로 유명한 영규스님, 그리고 인도의 지공스님 등 당대의 내로라하는 고승 대덕 스님들이 이곳 무등산을 무대로 많은 수행의 발자국을 남기시어 이름 그대로가 부처님 세상인 무등산을 빛내고 있다. 그래서 무등산 서북쪽을 흐르는 강江 이름조차도 극락강極樂江이라는 이름으로 장엄하였을까. 이와 같이 산 이름에 걸맞은 사상적 전개가 역사적으로 펼쳐진 것만 보더라도 산 이름은 결코 우연히 지어지는 것은 아님은 분명하다. 단지 이런 아름다운 인연의 고리를 제대로 이어가고 발전시켜 나가지 못하는 요즈음의 문화가 아쉽고 부끄러울 뿐이다. 과거의 역사 유물도 제대로 보존하지 못하고 선조의 사상적 깊이와 지혜조차도 제대로 살려내지 못하고, 우리는 그저 성산聖山을 개발과 편리함이라는 허울 좋은 논리에 빼앗겨 오염시키며 파괴하고 있으니 말이다. 지금부터라도 대각성이 필요하다. 더 무등산을 명예 훼손시켜서는 안 된다. 이곳 무등산에도 방송 중계 시설과 음식점 등이 마구잡이로 들어서 산이 훼손, 오염되고 있다.

　한 가지 다행인 것은 광주 지역의 산악인들이 중심이 되고 여러 시민 단체들이 뜻을 같이 모은 '무등산 보호 단체 협의회'가 무등산 지키기 운동을 열심히 하는 것이다. 특히 이 단체에서는 시민 한 사람이 1평씩의 땅을 사들여 토지 소유자의 개발 욕구를 억제하고 무등산을 지키는 운동을 펴고 있다고 한다. 이 운동의 배경에는 무등산을 광주 지역의 정신적 고향으로 생각하는 사상과 남도南道 문화의 요람으로 자부하는 깊은 뜻이 깔린 것이다. 다른 지역에서도 이와 같은 좋은 생각을 받아들여 우리 국토의 모든 산이 무분별한 개발과 환경 파괴에서 지켜야 한다. 산 이름에 담긴 거룩한 정신을 널리 알리고 오랜 역사의 흐름 속에 남아있는 정신문화를 이 시대의 정신적 자양으로 살려내는 작업이 필요하다. 이 작업이 원만히 수행될 때 이 시대를 살아가는 백성뿐만 아니라 우리 후손들의 마음 양식으로 무등산은 영원히 살아 있을 것이다.

한국에 온 달마대사,
달마산(達摩山)

　달마산達摩山은 한반도 최남단에 솟아오른 명산으로 한반도의 남녘 끝 해남 땅 토말土末에서 바다로 잠행 제주 땅 한라까지 이어진다. 달마산은 남쪽에서는 보기 드문 바위산으로 십여 리에 걸쳐 이어진 산 등성이는 기이한 형상의 모습을 하고 있어 마치 수많은 달마대사의 얼굴이 줄지어 있는 것을 연상시킨다. 또한, 바다를 접하고 있는 달마산의 봉우리 연봉들은 마치 달마대사가 바다 건너 고향을 바라보는 모습 같기도 하다. 달마는 범어 bodhidharma의 음역인 보리달마(?-528년)의 약칭이다.

　달마는 남인도 향지국의 셋째 왕자로 성장하여 대승불교의 승려가 되어 선禪에 통달하여 반야다라般若多羅 존자의 법통을 이어받아 부처님 법을 이어받은 28대 조사가 되었다. 달마스님은 동쪽으로 불법을 전하기 위해 나서 벵골에서만 바닷길로 중국 광동성에 이르러, 양무제와의 대면 후 양쯔강을 건너 위나라 낙양 쑹산 소림사에서 면벽 9년 수행을 하신다. 이후 달마대사의 법맥은 중국 땅에서 초조로 치며 6조 혜능대사에 이어지며 이후 중국 선불교 사상에 지대한 영향을 미치게 되었다.

우리나라 불자들의 집에는 웬만하면 달마대사의 초상화가 걸려 있을 정도이다. 원래 달마대사의 얼굴은 잘생긴 미남이었는데, 잠시 혼이 떠나 있다 돌아오니 달마대사의 육신이 없어져서 현재의 그림에 나타나는 두 눈이 툭 튀어나오고 우락부락한 모습의 얼굴을 갖게 되었다는 전설이 있다. 겉모양에 집착하는 우리네 인간들의 고정 관념을 일깨워 주는 가르침이 숨어 있다. 그리고 달마산에는 미황사美黃寺라는 남방불교 전래설을 뒷받침하는 사찰이 있는데, 조선 숙종 때 병조판서를 지낸 민암의 사적비에 다음과 같은 창건설화가 전해진다.

신라 경덕왕 8년 돌로 된 배 한 척이 아름다운 범패 소리를 울리며 사자포 앞바다에 나타났다. 배는 며칠 동안이나 사람들이 다가가면 멀어지고 돌아서면 다가오고 했는데, 의조스님과 제자들이 목욕재계하고 기도했더니 땅에 닿았다. 배 안에는 사람은 없고 금인金人과 경전, 탱화 등이 실려 있었다. 그날 밤 의조스님 꿈에 금인이 나타나 말하기를, '나는 우전국의 왕인데 동쪽의 금강산이 일만 불을 모실 만하다 하여 불상들을 싣고 왔으나, 마침 이곳을 지나다 보니 금강산과 비슷해서 찾아왔으니 경전과 탱화를 소에 싣고 가다가 소가 머무는 곳에 절을 짓고 안치하라.' 하였다. 의조스님이 금인이 이른 대로 하니 소가 처음 머문 곳에 통교사通敎寺를 짓고 마지막 머문 곳에 미황사를 지었다.

이 사적비를 통해서 알 수 있는 것은 이곳 달마산이 바닷길을 통해 불법이 전해진 곳이라는 사실이다. 달마산, 사자봉, 미황사 사적비 등

을 종합해 볼 때 이곳이 바닷길을 통한 불교의 전래라는 사실을 추정
해볼 수 있다. 그리고 불교 정신이 오랫동안 살아 꿈틀거리던 역사의
자취가 드러난다. 그러므로 달마산이라는 이름이 단지 산 모양에서
만 온 것이 아님을 알 수 있다. 슬기로운 우리 조상들이 남쪽 바닷가
에 접한 멋진 산에 동쪽으로의 불법전파의 상징인 달마대사의 이름
을 붙인 것은 이러한 사상적 의미가 담겨 있는 것이다. 그리고 달마산
끝자락을 사자봉이라고 이름 붙였다. 달마대사의 확연하고 시원스러
운 선풍禪風을 부처님의 사자후를 빌려서 할(喝) 하고 있는 것이다. 역
사적인 달마대사는 중국까지 왔지만 달마대사의 정신은 이 땅에서 더
욱 빛나고 있음을 명확하게 깨우치기 위해서 우리 조상들은 이곳 땅
끝 바닷가에 달마산과 사자봉이라는 이름을 배치한 것이다.

* 강원도 설악산에 달마봉이 있다.
* 황해도 해주 북쪽과 평강 위쪽 이천에도 달마산이 있다.(〈대동여지도〉 기록)

중생 세계에 우뚝 솟은 금산(金山), 마이산(馬耳山)

진안고원에 우뚝 솟은 마이산馬耳山은 수마이봉, 암마이봉이라는 이름을 가진 부부 봉이다. 마이산의 산 이름은 역사 시대별로 그 이름이 다양하다. 우선 신라시대에는 '산이 우뚝 서 있다'라고 하여 '썼다산'-서다산西多山, 고려시대에는 '솟아 나온 산'이라는 뜻의 용출산湧出山으로 불리다가, 조선 이태조가 속금산束金山이라 불렀고 태종 이방원이 지금의 이름인 마이산으로 불렀다. 봉우리 모습이 마치 말의 두 귀를 똑 닮았다고 하여 마이산이라 했다는 이야기가 전해지지만, 실제로 이 이야기는 세계 구성에 대한 인도의 전설에서 나온다. 즉 9산山과 8해海가 있는데, 9산 중에서 수미산을 둘러싸고 있는 일곱 산을 칠금산이라 하며 맨 끝에 철위산이 있다. 이 중에 말의 귀처럼 생겼다는 마이산은 범어로 Asvakarna라 한다.

칠금산은 1) 지쌍산(持雙山, Yugamdhara) 2) 지축산(持軸山, Isadhara) 3) 담목산(擔木山, Sudarsana) 4) 선견산(善見山, Khadirak) 5) 마이산(馬耳山, Asvakarna) 6) 상비산(象鼻山, Vinataka) 7) 지변산(持邊山, Nimimdhara)이다. 마이산 은수사 경내에는 팔각지붕의 건물로 된 태극전이라는 건물이 있는데 이 태극전의 벽화에 9산 8해도가 그려져 있다.

우리는 마이산이라는 산 이름이 단지 모양의 형상화에서 따왔다는 단순 논리로 쉽게 지나쳐서는 안 된다. 불교의 우주관 속에 나오는 칠금산 중 마이산을 이 땅 위에 설치하려고 했던 밝은 눈을 가진 스승들의 치밀한 계산 때문에 마이산이라는 이름이 정착하게 된 것이다. 마이산 탑사 주위에 펼쳐진 탑만다라와 은수사의 구산팔해도 등을 통해 불교적 세계관의 토착화 작업 의지를 강하게 느낄 수 있다. 또한, 길가 곳곳에 쌓은 돌탑들은 시대를 살아가는 모든 이들의 소박한 염원을 잘 보여주고 있다. 또한, 산에 대한 외경심을 불러일으키는 아름다운 마음씨의 표현이기도 하다. 적어도 이런 사람들은 산을 함부로 훼손하지 않을 것을 확신한다.

무궁무진한 보물이 감추어진 곳
능가산(嶺伽山)

　　전라북도 부안군에 있는 능가산嶺伽山은 변산반도에 있는 국립공원 변산邊山으로 널리 알려진 산이다. 정읍의 내장산, 남원의 지리산, 영암의 월출산, 장성의 천관산 등과 함께 호남의 오대로 기록되어 있으며, 《동국여지승람》 등의 옛 기록에 능가산이라는 이름이 나온다. (신중동국여지승람 34권 부안현) 변산을 대표하는 내소사의 일주문에는 지금도 능가산 내소사라는 현판이 걸려 있다.

　　능가는 범어 lanka로 지금의 스리랑카 동남쪽에 있는 산 이름이다. 능가는 보물의 이름이며 '들어가기 어려운 장소'라는 뜻이 있다. 부처님이 능가산에서 설한 경전을 이 산의 이름을 따서 《능가경》이라고 한다. 《능가경》은 부처님께서 대혜보살을 상대로 설한 가르침인데 반야, 법화, 화엄 사상 등을 위시하여 《열반경》, 《승만경》, 《해심밀경》 등 여러 경전에 나오는 사상들을 종합 융화시켜 독자적인 경지를 이루고 있는 내용상의 특성을 보이고 있다. 또한 《능가경》은 중국 선종의 초조인 달마대사가 2조인 혜가에게 전수할 만큼 선종과는 인연이 매우 깊으며, 《금강경》, 《원각경》, 《능엄경》과 함께 선종에서 매우 존중되고 있는 경전이다.

《능가경》이 지닌 무궁무진한 진리의 세계를 이 땅에 실현하고자 하는 선지식께서 서해 바닷가에 굽이굽이 병풍처럼 둘러 있는 아름다운 변산에게 능가산이라는 이름을 붙였으리라 생각해본다. 왜냐하면, 변산은 하나의 큰 산이 아니라 변산반도에 아기자기 솟은 500m 정도의 작은 산 모두를 통틀어 일컫는 말이기 때문이다. 마치《능가경》에 하나의 사상이 아니라 다양한 사상이 종합되어 있으면서도 잘 융화되어 있듯이 변산은 여러 작은 산의 집합체이면서 각자의 아름다움을 유지하고 있다. 그러면서도 종합적으로 내변산, 외변산이라는 이름 아래 전체적인 조화를 이루고 있으니,《능가경》의 특징과 기막히게 맞으니 능가산이라 불려야 적격인 것이다.

변산은 발길 닿는 어디든지 비경이 전개되고 있어 조선 8경, 또는 호남 5대 명산으로 알려져 있다. 내변산과 외변산으로 나누어 부르며 사십 리가 넘는 봉래구곡의 심심유곡에 펼쳐진 직소폭포, 와룡소, 옥녀탕 등은 마치 화엄, 법화, 반야, 열반 등의 세계가 펼쳐진 능가경의 세계와 비견하기에는 정말 그 이름이 부합하는 곳이다. 한쪽에 치우쳐 있다는 뜻의 변산보다 이렇게 사상적 풍요로움이 담긴 능가산이라는 이름이 훨씬 어울린다고 생각한 우리 조상들의 작명 지혜가 돋보인다. 변산이야말로 능가산이라고 불러야 한다는 지혜들이 너무나 자연스럽게 모이고 이 땅의 변산은 능가산이라는 멋진 옷으로 또 한 번 빛나게 된 것이리라.

내소사 일주문에 능가산 내소사라는 이름이 새겨져 있고, 이 일주문을 들어서면 전나무 숲길이 싱그러운 향 내음을 흠뻑 안겨준다. 향 내음이 끝날 즈음 내소사를 안고 있는 능가산의 아기자기한 모습이 눈에 들어온다. 내소사 법당 뒤쪽의 백의 관음보살은 전설과 함께 특이한 모습으로 있는바 최근에는 보존상의 문제로 통제되고 있어 안타깝다.

불교문화가 발전한 그 시대에는 불교용어 자체가 바로 생활용어로 자연스럽게 쓰였기 때문에 따로 주석을 달 필요도 없었을 것이다. 이런 맥락에서 우리나라의 산 이름, 강 이름, 섬 이름 등 모든 지명과 일상생활에 불교용어가 주류를 이루고 있다. 하지만 날이 갈수록 심오한 불교사상이 담긴 좋은 용어가 제대로 이해되지 못하고 왜곡되거나 점차 사라지는 현상까지 있으니, 이 시대를 살아가는 불자들의 분발과 주체 정신이 간절하게 필요한 때이다.

선(禪)의 향훈(香薰) 그윽한
조계산(曹溪山)

전남 승주군 송광면에 있는 조계산曹溪山은 송광산이라고도 불린다. 조계산은 명찰 두 곳을 안고 있는 명산인데, 계곡의 물이 흘러 섬진강 줄기와 만나는 곳에 승보종찰 송광사가 있고 서쪽에서 동으로 흐르는 물줄기가 시작하는 자락에 아름다운 정원과 차밭을 등지고 있는 선암사가 있다. 조계曹溪는 중국 선불교를 상징하는 선승禪僧인 혜능대사의 별명이다. 조계산과 조계종, 조계사 등의 이름도 이에 연유한다. 혜능대사는 달마대사의 법을 이어받은 6대조 사로 중국과 한국 일본 등의 선불교에 지대한 영향을 끼친 분이다. 중국 법맥 5조 홍인대사로부터 법을 이어받았으며, 스님의 가르침은 제자인 법해法海 스님에 의해 《육조단경》으로 남아있다. 《육조단경》은 법보단경, 육조대사법보단경, 줄여서 단경이라고도 부르며 강원의 교재로 쓰이고 있을 정도이며 일반 불자들에게도 많이 유통되고 있다.

원래 경經이라 함은 부처님 말씀을 결집한 것에 한정하는 것이지만, 혜능대사의 가르침을 존중한 후세의 사람들에 의해 《육조단경》이라는 이름을 얻게 된 것이다. 어쩌면 그 당시의 중국 사람들은 혜능대사를 통해 부처님을 친견했다고 생각할 만큼 법열(法悅)을 느꼈을 수도 있고 말로 표현할 수 없는 기쁨에서 망설임 없이 경經이라는 글자를 붙였을 수도 있다. 그렇다 하더라도 분명 규정 위반이요 잘못된 것이지만 그만큼 혜능대사의 가르침이 오묘하고 부처님 가르침에 잘 부합하였음을 보여주는 대목이라 생각한다.

또 조계산의 다른 이름인 송광산의 이름에 대한 해석은 몇 가지가 있지만 여기서는 한 가지 설을 소개하고자 한다. 이 산은 장차 十八公(18명의 어른이라는 뜻)이 배출되어 부처님 가르침을 널리 펼 훌륭하고 거룩한 곳이기 때문에 송광이라 한다는 것이다. 이 이야기는 송松 자와 광廣 자를 파자破字 풀이한 것이다. 즉, 소나무 송松 자를 십팔송 十八公으로 나누어 보고 광廣 자를 불법 광포의 뜻으로 해석한 것이다. 실제로 송광사는 많은 고승을 배출해내었으니 그 이름에 부합하고 있다.

조계산이나 송광산 모두 스님과 관련된 이름이며 예로부터 승보僧寶와 인연이 깊은 곳이다. 그래서 우리 나라 삼보사찰 중 조계산 송광사는 승보종찰로 자리 잡고 있다. 더구나 세계 각국의 눈 푸른 납자들까지 이곳에 모여 수행 중이니 과연 승보도량이라 하겠다. 한국 불교를 체험하고 수련하기 위해 많은 외국인 불자가 한국에 와 있지만 송광사처럼 외국인 스님들을 위한 전문 수련장이 설치된 곳은 이곳과 서울 화계사 등이다. 부처님 진리의 세계에서 나와 남의 차별이 있는 것은 아니지만 조계산이라는 이름이 바다 건너 혜능대사의 법맥이 들어온 곳으로 해석해볼 때, 한국의 고승뿐만 아니라 세계 각국의 스님들이 조계산에 운집함은 우연이 아님을 알 수 있다.

스님들이 도를 이룬 곳
승달산(僧達山)

전남 무안군에 있는 승달산僧達山은 많이 알려진 큰 산도 아니고 특별한 그 무엇이 있는 산은 아니나, 산 이름에 담긴 의미는 매우 중요한 곳이다. 승달僧達이라는 말은 스님들이 수행하여 마침내 도를 이루었다는 의미이다. 역사의 기록을 보면 원명국사 징엄스님이 이곳에 와서 수행할 때 500여 명에 이르는 제자들이 찾아와서 함께 수행하게 되어서 불법을 배우는 많은 사람으로 성황을 이루게 되었고 주위에 널리 알려지게 되었다. 원래의 산 이름은 부처님께서 설법하신 인도의 영축산으로 불렀으나 이후 승달산이라는 이름을 얻게 되었다. 즉, 많은 스님이 수행하며 깨달음을 얻는 유명한 수행처가 된 것이다. 이렇게 승달산이 명성을 얻어가자 승달산이라는 이름이 걸맞게 된 것이다.

한편 세월이 흐른 후 유림儒林의 사람들에 의해 승달산에 대비한 유달산儒達山이라는 산 이름이 생기게 되었으니 오늘날 많이 알려진 목포의 유달산이 바로 그곳이다. 승달산에 자극받은 유림에 의해 유달산이라는 산 이름이 생기게 된 것이다. 지금은 유림의 뜻대로 유달산은 많은 이의 입에 회자하고 있으나, 승달산은 그 이름을 아는 이가 많지 않다. 마치 조선시대 불교문화 쇠락과 맥을 같이 하는 것 같아

섭섭한 감이 없지 않다. 하지만 유달산은 그 이름값에 상응하는 유교 문화를 꽃피우지는 못했다. 반면 승달산은 이제 다시 역사 밖으로 그 이름값을 떨치고 있으니, 최근 백련白蓮의 향훈이 가득한 무안 연꽃 대축제를 시작으로 승달산의 이름도 많이 알려지게 된 것이다.

1997년부터 열리기 시작한 무안 회산 연꽃제는 전국의 많은 국민의 관심을 끌고 있다. 역사 속의 번성했던 불교문화를 이어가지 못하던 이 곳 승달산은 연꽃 대축제를 통해 그 이름값을 다시 해내고 있다. 연꽃이 피어오를 때면 전국의 많은 불자가 백련지의 축제에 동참하여 승달산의 이름에 담긴 의미를 깨우쳐 주고 있다. 이제 승달산은 초의선사 유적지 와 백련지 등과 함께 무안 5경景으로 지정되어 찬란했던 역사 속의 불교 문화를 현실로 불러내고 있다. 무안 승달산을 찾는 모든 사람이 산 이름 에 담긴 역사적 의미를 되새겨 보아야 한다.

한민족의 영원한 영산,
지리산(智異山)

지리산智異山! 그 어떤 표현을 한다 해도 지리산이 가진 웅장한 깊이와 한민족의 삶이 녹아있는 사상적 의미를 다 담아내지는 못할 것이다. 전라남북도, 경상남도에 걸쳐 있는 지리산은 옛 문헌에 지리산(地理山)으로 표기한 것도 있는데, 이것은 불교사상에서 연유했다는 견해가 지배적이다. 고대 불교에서는 지리산을 문수도량文殊道場으로 불렀다. 지혜의 보살 문수대성이 지리산에 머물면서 불법을 지키고 중생을 깨우치는 도량으로 삼았다는 것이다. 그래서 이 산을 문수사리(文殊師利)의 리(利)를 따서 지리산(地利山)으로 표기했다고 하는데, 시간이 흐르면서 지리산(地利山)이 지리산(地理山)으로 변한 것으로 보는 것이다. 그리고 허왕후와 일곱 왕자의 전설이 내려오는 칠불암, 반야봉, 불일폭포, 마야계곡(천왕봉 동남쪽의 중봉골을 말한다. 김종직의 《유두유록》에는 석가여래의 어머니 마야부인을 산신령으로 모셨다는 언급과 불교가 융성했을 때 400여 개의 사암이 있었다고 한다.) 등에서 나타나는 불교사상의 일면들을 통해 불국토를 그리워하는 많은 이들의 염원을 배울 수 있다. 어머니의 산이라 불리는 지리산은 높이와 그 넓은 품으로 우리 민족의 고향과 같은 역할을 해왔다. 불교사상, 문학사상의 근원지가 되기도 하고 수많은 역사에서 철학과 아품 등을 융합적으로 수용하고 있기도 하다. 근대의 역사적 아픔을 모두 안아주었던 지리산은 이제 무거운 질병을 안고 찾는 이들에게 치유의 품이 되고 있다. 이래저래 모든 중생의 고통을 품어주고 위로하는 산으로 남아 있다.

극락세계
안양산(安養山)

경기도 안양시의 '안양', 전남 화순군 안양산의 '안양' 등은 우리 중생들의 사후세계인 극락정토를 뜻한다. 우리 중생들은 고통의 이 사바세계에 살며 항상 이상향을 그리워한다. 그 이상의 세계가 바로 안양이다. 안양에는 풍요로움과 기쁨이 넘친다. 근심 걱정이 전혀 없으니 편안하고 모든 것이 잘 이루어진다. 극락정토 안양이 그리운 민초들은 산 이름을 안양산安養山이라 지어놓고 이 산을 바라보며 기쁨을 얻었다. 마음이 괴롭고 삶의 무게를 느낄 때, 안양산을 쳐다보며 '나무아미타불' 염불하였다. 이 안양산의 이름은 바로 이 땅의 평범한 농민들이 먼저 지었음이 틀림없다. 그리 유명하지도 않고 멀리 떨어진, 그래서 별로 관심받지 못하는 이런 산에 안양산이라는 이름을 지어 계속 불렀다.

아! 우리 앞에 바로 극락세계를 뜻하는 안양산이 있노라. 그저 바라보기만 해도, 안양산이라는 이름만 한번 불러봐도 큰 힘이 넘치는 산이 함께 하는 것이다.

나라의 큰 스승,
국사봉(國師峰)

　국사는 많은 스님 가운데 덕행이 뛰어난 스님에게 주던 칭호이다. 중국에서는 북제시대(550년) 법상스님이 국사가 된 것이 시초이고, 《삼국유사》에 의하면 신라시대부터 많은 국사가 있었다. 우리나라는 고려시대 광종이 처음으로 혜거스님에게 처음 부여한 것이 시초이다. 국사 제도는 고려시대와 조선시대 초까지 행하여지다 배불排佛정책으로 태조 이후 없어졌다. 왕사王師가 국왕의 고문격인 자리임에 비해 국사는 국가의 고문이었다. 국사 하면 송광사의 16국사가 우선 떠오른다. 보조국사 지눌스님이 송광사를 세우고 정혜결사 운동을 시작한 이후 15명의 국사를 배출하여 16국사라 부른다. 지금도 송광사에는 국사전이 있고 16국사의 영정이 모셔져 후학에게 본보기가 되고 있다. 1) 보조 지눌 2) 진각 혜심 3) 청진 몽여 … 16) 고봉 법장 등으로 이어지는 16국사는 송광사가 많은 스님을 배출해낸 곳임을 설하고 있기도 하다.

　국사는 국가의 공식적인 자리이지만 행정적인 일만 수행한 것이 아니었다. 자신이 속해있는 있는 산중에서도 정신적 지주로서 스승의 역할을 다한 것이다. 경전에 나오는 스승과 제자의 마음가짐을 알아본다.

　선생아, 제자가 스승을 공경하고 받드는 데에도 다섯 가지가 있
다. 어떤 것이 다섯인가. 첫째는 필요한 것을 가져다드리는 것이다.
둘째는 예경하고 공양하는 것이다. 셋째는 존중하고 우러러 받드
는 것이다. 넷째는 스승의 가르침이 있으면 경순하여 어김이 없는
것이다. 다섯째는 스승에게 법을 듣고는 잘 지니어 잊지 않는 것이
다. 선생아, 제자는 마땅히 이 다섯 법으로써 스승을 공경하고 섬
겨야 한다.

　스승도 다시 다섯 가지로써 제자를 잘 보살펴야 한다. 첫째는 법
에 따라 다루는 것이다. 둘째는 듣지 못한 것을 가르쳐 주는 것이
다. 셋째는 묻는 것에 대한 뜻을 알게 해주는 것이다. 넷째는 착한
벗을 사귀게 하는 것이다. 다섯째는 아는 것을 다 가르쳐 주어 인
색하지 않은 것이다. 선생아, 제자가 스승을 존경하여 그의 뜻에 따
르고 공양하면 그는 안온하여 걱정이나 두려움이 없을 것이다.

– 아함부 불설선생자경佛說善生子經

* 국사봉은 전국 곳곳에 있다. 경기도 포천시 소학리 내촌 뒷산, 강원도 춘천시, 인천시 옹진군
자월도, 인천시 옹진군 영흥도, 전남 해남군 마산면, 전남 곡성군 석곡면, 전남 무안군 삼향면,
충남 금산군, 경남 거제시, 전남 장흥군, 충북 진천군 등에 국사봉이 있다.

부처님 나투소서,
불출봉(佛出峯)

불출봉佛出峯은 전북 정읍시와 순창군 경계에 있는 내장산의 봉우리이다.

부처님이 땅에서 솟아오를까? 내 눈앞에서 불쑥 나타날까? 아마도 삶이 고달프고 희망이 보이지 않을 때 이런 생각을 떠올리며 입가에 미소 머금었으리라.

'그래 바로 저곳이 부처님 나타나는 곳이야!' 불출佛出은 이렇게 탄생하지 않았나 싶다.

자연현상이 파괴되어 기후변화가 심각한 위협이 된 인류의 현실을 보자! 이제 무엇을 믿고 어떤 희망을 품을 수 있는가? 서로를 잡아먹지 못해 으르렁거리는 인간들을 믿을 수 있는가? 아직 나타나지 않은 절대적 존재를 믿을 것인가? 이런 강렬한 희망 고문 끝에 저마다의 구원자가 나타날 수밖에 없다.

불출佛出은 부처님의 출현을 뜻함이니, 이 사바세계에 부처님의 강림을 그리워한 이들의 간절함에서 나온 이름이라 하겠다. 또 한편으로는 부처님이 되기 위해 끊임없이 수행하는 구도자가 많아 성불의 도를 이룰 스님이 많이 나온다는 예언적 의미도 있다. 자신들의 고향을 빛낼 위

대한 사람의 탄생을 기다리는 것이 인지상정이라면, 모든 중생을 구제하
는 부처님의 탄생을 기다리는 마음은 아무나 가질 수 있는 것은 아니다.

가고 싶은 곳, 서방정토
서방산(西方山)

　서방정토 극락세계를 그리는 중생들의 간절한 기원은 이 땅에 서방산西方山이라는 이름을 만들었다. 원효대사는 나무아미타불 염불을 통해 누구든지 서방정토 극락세계에 왕생할 수 있음을 실천적으로 가르쳤다. 혜철국사가 창건한 봉서사가 있고 무엇보다 조선시대의 걸출한 두타승 진묵대사의 탄생지가 바로 전주 서방산이다. 진묵대사의 기행과 이적은 마치 서방정토에서 오신 부처님 같은 일이 많으니, 어쩌면 다른 곳을 두고 이곳 서방산 아래에서 탄생하심도 우연이 아니라 필연같이 느껴진다. 진묵대사 이후 서방산을 찾는 수행자는 더욱 늘어났다. 서방산은 땀 흘리는 부처님으로 널리 알려진 완주군 송광사와 위봉사가 가까이 있다.

미륵 부처님의 세계, 미륵산(彌勒山)

　오늘날 우리나라를 대표하는 불교 신앙은 관세음보살을 중심으로 하는 관음 도량, 관음신앙이다. 다음으로 내세의 부처님인 미륵불을 믿는 미륵신앙이다. 전국 각지에는 미륵보살상이 봉안되어 있으며, 미륵산彌勒山이라는 이름도 경북 울릉도, 경남 통영, 경남 충무 미륵도 등에 남아 있다. 우리나라 곳곳에 미륵불이 모셔져 있고 미륵신앙의 역사는 불교 전래와 같이하나, 신앙의 형태는 시대별로 차이를 보여준다. 먼저 불교 경전에 나타나는 미륵사상을 살펴보자.

　미륵은 산스크리트어 Maitreya로 자씨慈氏, 자존慈尊으로 번역하는데, 도솔천에 머물면서 다음 생에 나타날 미래불未來佛이다. 미륵사상은 초기 경전인《장부長部경전》등에 미륵불의 설법 내용과 사상 등이 있으나, 후에 미륵삼부경으로 정리된《미륵상생경》,《미륵하생경》을 중심으로 발전했다.《미륵상생경》의 주요 사상은 미래에 올 미륵 부처님을 기다리는 것이 아니라, 미륵 부처님이 계신 도솔천으로의 왕생을 위해 노력해야 한다는 것이다. 도솔천에 왕생하기 위해서는 현재의 생활에서 기본을 잘 지켜야 함을 강조한다. 어떻게 하는 것이 도솔천으로 가는 지름길인가. 먼저 삼귀의와 오계를 잘 지키고 십선

법+善法을 적극적으로 실천해야 한다. 현실의 고통과 갖은 유혹을 잘 이겨내고 구체적인 선업을 짓는다면 그것이 바로 도솔천 티켓을 얻는 것이다.

중세 서양에서 천국행 티켓을 종교적, 윤리적 실천 없이 단지 돈으로만 팔았기 때문에 가톨릭이 무너지고 종교개혁이 일어났던 점을 생각해보자. 그런데 《미륵상생경》에서는 철저하게 지계持戒정신과 열 가지 선업의 실천을 통해서만 도솔천 티켓을 구할 수 있음을 가르치고 있다. 실로 모든 대중이 자신의 실천으로 이상향인 부처님 나라에 갈 수 있음을 가르친 합리적이고 인과의 법에 맞는 내용이다.

《미륵하생경》에서는 준비된 자에게 미륵불이 하생하여 구원한다는 사상이다. 그런데 미륵회상에 참석하여 미륵 부처님을 친견하기 위해서는 몇 가지 선근善根을 갖추어야 함을 가르친다.

1. 경經, 율律, 론論 삼장을 읽고 참된 가르침을 찬탄하며, 다른 사람에게도 적극적으로 전할 것.
2. 계를 잘 지키며, 옷과 음식 등을 이웃에 베풀고 지혜를 닦을 것.
3. 주위의 고통을 함께 나눌 수 있고, 해결책을 제시해줄 것.
4. 곤궁한 사람, 고독한 사람, 죄지은 자 등을 구제할 것.
5. 탑을 세우는 일에 공양하고 수행하는 일에 노력할 것.

이 외에도 많은 공덕을 지은 사람들이 도솔천에서 내려온 미륵불을 만나 구원을 얻을 수 있는 자격이 생기게 되는 것이다. 이상의 내용을 종합해보면 미륵경에서 가르치는 사상은 미륵의 세상에 나기 위해서는 현실에서의 각자가 닦아야 할 수행과 지계 등이 필요함을 강조하고 있다.

이 땅에 전래한 미륵사상 또한 전국적으로 골고루 신봉되었고, 특히 충청도를 중심으로 한 백제 문화권에 미륵 신행의 유산이 많이 남아 있다. 《삼국유사》 권2 무왕조에 의하면 용화산에 미륵사가 있었음을 알 수 있다. 하지만 《고려사》 등 후의 역사서에는 미륵산이라는 지명으로 나타난다. 그런데 그 내용으로 보면 미륵산이나 용화산이나 마찬가지이다. 미륵불이 후세에 용화수 아래에서 설법하므로 용화삼회라 하고 미륵과 같은 의미가 있기 때문이다.

* 경북 울릉군 울릉도에 있는 미륵산은 해발 901m로 성인봉聖人峰을 주봉으로 형제봉兄弟峰, 난봉卵峰, 초봉草峰 등과 함께 신생대 제3기 말~제4기에 활동한 화산작용 때문에 분출, 퇴적된 화산이다.
* 경남 통영시 봉평동鳳坪洞에 있는 미륵산은 해발 461m로 943년(고려 태조 26년) 도솔선사兜率禪師가 창건한 도솔암이 있고, 1732년(조선 영조 8년) 창건된 관음사觀音寺, 1742년(영조 18년) 통제사 윤천빈尹天賓이 산 일대에 축성한 산성과 함께 창건한 용화사龍華寺 등이 있다. 정상에 오르면 한려수도 일대가 장쾌히 조망된다. 케이블카 설치를 두고 환경단체와 통영시의 의견 차이가 있었지만, 현재는 케이블카가 운영되며 많은 관광객을 불러 모으고 있다.

백양의 감동,
백암산(白巖山)

백암산白巖山(741m)은 내장산 국립공원에 속한다. 예로부터 봄이면 백양, 가을이면 내장이라 했듯이 산 하면 내장, 고적 하면 백암이라 할 정도로 백암산의 절경은 내장산에 뒤지지 않는다. 백학봉과 상왕봉, 사자봉 등의 기암괴석이 곳곳에 있으며, 산세가 험준한 편이다. 큰 사찰 백양사가 있는 백암산의 가을 단풍 역시 절경을 자아낸다. 백양사 등 수많은 관광명소와 바위가 희다는 데서 유래한 백학봉의 신비까지 간직하고 있어 소설 속의 산을 찾는 기분이다. 백암산 단풍은 회백색 바위와 어울려 독특하기도 하다.

원래 백암사 또는 정토사로 불리었던 백양사는 노령산맥의 주봉인 내장산 가인봉과 백학봉 사이 골짜기에 있다. 백제 무왕 33년에 창건되었다고 전해지는데, 숙종에 이르러 백양사로 이름이 바뀌었다 한다. 전설에 따르면 숙종 때 환양선사라는 고승이 정토사에서 설법하고 있는데 백양 한 마리가 하늘에서 내려와 설법을 듣고는 본래 자신은 하늘의 신선이었는데 죄를 짓고 쫓겨 왔다며 죄를 뉘우치고 감동의 눈물을 흘렸다 하여 이름을 백양사로 고쳐 부르게 되었다고 한다.

백련결사의 고향,
만덕산(萬德山)

전남 강진군 도암면 만덕산萬德山(408.6m)은 다산 정약용이 유배생활을 하던 곳이다. 만덕산은 차가 많이 나기 때문에 '다산茶山'이라고도 불렀는데 이곳에 유배됐던 정약용도 산 이름을 빌려 자신의 호를 지었다고도 한다. 또 이 산에는 '다산 4경'이 있는데 바위에 새긴 '정석(丁石)' 글자와 연못을 파서 연과 잉어를 키운 연지석가산, 산 위에서 흐르는 물을 이용해 만든 비류폭포, 다산이 물을 떠다 마신 약천 등이다. 다산은 이곳에 초옥을 짓고 솔방울로 차를 달여 마시기도 하면서 《경세유표》, 《목민심서》 등 무려 500권의 저서를 남겼다. 그 집을 일컬어 다산초당이라 하는데 현재는 강진의 다산유적보존회가 기와집으로 복원해 그나마 옛 모습을 짐작할 수 있다. 만덕산 백련사는 다산초당과 더불어 꼭 찾아봐야 할 곳이다.

839년 무염화상이 창건했으며 1211년 원묘국사가 중창한 백련사는 조계산 송광사와 더불어 고려말 불교중흥운동의 중심지였다. 백련사에 관하여 오늘날 전하고 있는 다산의 《만덕사지》는 유배 당시 그가 백련사 승려들과 상당히 가깝게 지냈음을 뜻한다. 백련사 경내에는 고려시대의 귀부에 조선시대의 비를 얹은 사적비가 남아 있다

만덕산은 고려시대 원묘국사 요세의 백련결사로 널리 알려진 곳이다. 요세스님은 만덕산에서 천태사상을 가르치며 염불결사로 후학들을 길러내니, 산 이름 그대로 많은 덕을 쌓게 된 것이다. 일만의 덕이라는 이야기는 끝없는 덕, 많은 덕을 말함이니 당시로는 교통이 만만치 않은 외진 만덕산에 이런 염불결사의 장을 마련하고 천태사상을 강의한 스님의 덕이 후대에까지 이어짐을 보여준다.

경상도

진리의 보고(寶庫) 팔만대장경을 지키고 있는 호법신장(護法神將), 가야산(伽倻山)

　현대에 들어와서 가야산伽倻山은 백련암에서 수도했던 성철스님으로 말미암아 더욱 유명하게 됐다. "산은 산이요, 물은 물이로다"라는 법어는 홍류동계곡의 맑은 물과 더불어 가야산을 찾는 이들의 마음에 항상 신선한 바람을 불러일으킨다. 가야산은 조선 8경의 하나로 주봉인 상왕봉(1430m)을 중심으로 해발 1000m가 넘는 여러 봉우리가 마치 병풍을 친 듯 연결된 장엄한 산이다. 가야산은 동서로 줄기를 뻗고 있으며 남북으로 경상북도 성주군과 경상남도 합천군의 경계를 이루고 있으며, 해인사와 팔만대장경으로 알려진 아름다운 산이다.

　해인사 입구부터 정상의 우비정까지 19개의 명소가 있으며, 가야산 골짜기에서 발원한 홍류동계곡은 계절마다 경관을 달리하여 주위의 천년 노송과 함께 제3경 무릉교로부터 제17경 학사대에 이르기까지 수많은 절경이 펼쳐져 있다. 가을 단풍이 너무 붉어서 계곡의 물조차 붉게 보인다 해서 홍류동이라는 이름을 얻게 되었고, 여름에는 금강산의 옥류천을 닮았다 해서 옥류동으로도 불린다.

　해인사는 대한불교 조계종 12교구 본사로 국보 32호인 팔만대장경

경판을 소장하고 있으며, 국보 52호인 장경판전을 비롯한 15점의 보물과 200여 점의 사보 등 수많은 문화재와 고적이 있다. 예로부터 덕 높은 고승이 수없이 배출되고 지금도 한국 불교의 자랑이라고 할 만큼 많은 스님이 수행 정진하고 있는 곳이다. 해인사는 1995년 12월 9일 유네스코에서 세계문화유산으로 지정되었으며 청량사, 백련암, 원당암 등 75개의 부속 말사와 15개의 부속 암자가 있다.

우리나라 3보(寶) 사찰 중 법보사찰인 가야산 해인사는 불교인뿐만 아니라 국민 모두의 성지이다. 조선시대 강화도에서 팔만대장경을 옮겨온 후 불보사찰 통도사, 승보사찰 송광사와 함께 법보종찰로서의 명성을 얻었고 나라가 어려울 때마다 팔만대장경의 힘으로 이겨내기 위해 기도하는 곳이기 때문이다. 그래서 가야산 해인사는 이 나라 온 국민의 정신적 기둥이 되는 곳이다. 최근에는 성철스님이 수행하시고 열반에 들면서 종교를 초월하여 국가적 관심을 끌기도 했다.

《택리지》의 저자 이중환은 우리나라 12명산에 가야산을 포함하고 가야산을 극찬하고 있다. 가야는 범어 gaya의 음역으로 소(牛)를 뜻하며 상(象: 코끼리)이라 번역했다. 또 중인도 마갈타국 파트나의 서남쪽 62마일 지점에 있는 지금의 '가야(Gayah)'라 부르는 도시의 이름이기도 하다. 이곳 가야에서 남쪽으로 6마일 지점에 부처님께서 성도한 곳인 부다가야가 있다. 그리고 경전에 자주 등장하는 니련선하(尼連禪河: 나아란다강)가 가야시의 동쪽을 흐르고 있다. 즉, 가야라는 산 이름은 부처님께서 활동하시던 지명을 이 땅에 그대로 옮겨 왔다는 귀중한 의미가 있다. 또 다른 의미로 코끼리 상象으로 번역해서 가야산을 상왕산象王山이라고도 불렀다. 또 다른 기록에는 우두산牛頭山이라고도 한다.

코끼리는 불교에서 호법護法을 상징하기도 하고 상서로움을 나타낼 때 많이 등장한다. 부처님의 어머니 마야부인께서 태몽에서도 백상白象을 타고 오시는 모습이 등장한다. 이런 연유로 우리나라 산 이름에도 코끼리를 뜻하는 상象 자가 들어가는 산 이름이 있는 것이다. 세계문화유산으로 등록된 해인사 팔만대장경이 봉안되어 온 것이 이곳 가야산인 것도 결코 우연은 아닌 것 같다. 불교의 진리를 지키는 코끼리(가야산)가 우뚝 서 있는 곳이니 법보法寶인 대장경이 온갖 역사의 부침 속에서도 온전히 보존되고 있는 것이 분명하다.

지리학적으로 볼 때 가야산은 백두대간이 덕유산에 이르기 전, 대덕산에서 동쪽으로 갈라져 간 산줄기가 수도산修道山으로 한 번 솟아오른 다음 남은 기운이 모인 산이다. 해발 1430m로 전체적으로 볼 때 산세가 웅장하면서도 수려한 산이며 살기殺氣를 전혀 띠지 않는 온화한 산으로 지덕地德이 두터운 산으로 알려졌다. 그래서 가야산은 '삼재(三災: 전쟁, 가뭄, 홍수)가 들어오지 못하는 곳'이라 불리며 각종 전란의 피해를 보지 않았던 산이다. 그리고 수많은 고승 대덕이 수행처로 이곳 가야산을 다녀갔으며, 신라 말의 고운 최치원 선생의 자취가 가장 많이 남아 있는 곳도 가야산이다.

이곳 가야산에는 해인사가 자리 잡고 있는데, 해인사의 이름인 해인海印은 부처님께서 깨달음을 통해 얻은 삼매의 이름이다. '바다 도장'은 어떤 의미일까. 먼저 바다의 의미는 모든 것을 받아들일 수 있는 포용력을 의미한다. 모든 강물이 마침내 바다로 흘러들어오지만, 바다는 항상 줄거나 늘어나지 않는 광대함을 보여준다. 또한, 그 맛도 변하지 않음을 보여준다. 그러므로 바다는 사사로움에 치우치지 않고 변하지 않는 부처님 법을 의미하며, 도장은 확실함을 나타낸다. 또 달리 나타내면 '바다 가운데 온갖 사물의 그림자가 거울에 비치듯이 부처님의 지혜 바다에는 온갖 만법이 나타나므로 '해인삼매'라고 한다.

1995년 유네스코 세계유산위원회에서 팔만대장경과 판전을 세계문화유산으로 지정하여 우리 민족의 자존심을 지켜주고 있으나 정작 자랑하고 관심을 기울여야 할 이 땅의 후손들은 너무 무관심한 것 같다. 다행히 최근 중앙일보에서 '팔만대장경을 살립시다'라는 구호 아래 전 국민적 운동을 벌이고 있어 다소 위안이 되고 있다. 대장경판은 우리 산에서 자라는 산벚나무, 돌배나무, 층층나무, 후박나무, 단풍나무, 박달나무, 잣나무 등으로 만들었음이 확인되어 그 재료가 신토불이임이 증명되었다.

* 충남 예산군, 전남 광양시, 전남 나주시 등에도 가야산이 있다.
* 같은 뜻의 상왕산, 상두산 등이 있다.

전법(傳法)의 생생한 현장,
영산회상 영축산(靈鷲山)

　백두대간에서 갈라져 나온 낙동정맥에는 백암산, 주왕산, 가지산, 운문산, 천황산, 신불산, 영축산 등의 산들이 줄지어 있으며, 드높은 이 일대를 영남의 알프스라 부른다. 이곳에 자리한 영축산靈鷲山은 줄여서 영산이라고도 하는데, 석가모니 부처님이 자주 머무르시며 설법을 펴시던 산이다. 특히 법화경을 영축산에서 설하셨다. 부처님께서 설법하시던 영축산을 그리워하던 이 땅의 조상들은 인도의 영축산을 대한민국 땅에 옮기기로 발원하고 마침내 양산 땅에 있는 축서산에 영축산이라는 이름을 붙이고 부처님 진신사리를 모신 적멸보궁을 봉안하게 된 것이다. 다른 명산이 많지만, 굳이 영축산에 통도사 적멸보궁을 설치한 지혜는 이 땅에 부처님을 모시고 불국토를 건설하려 했던 지극한 신심의 발로였으리라. 그래서 이곳은 불보종찰 통도사와 영축산이라는 이름이 꼭 부합되는 곳이다. 마치 법보종찰 해인사가 가야산(진리를 지키는 코끼리)에 있고 승보종찰 송광사가 조계산(선승의 대표 혜능스님)에 있는 그것처럼 말이다.

　우리가 조석으로 드리는 예불문에도 "영산당시 수불부촉 십대제자 십육성…" 영축산에서 법을 설하시는 부처님과 수많은 제자를 생각하는 구절이 있다. 이처럼 영축산은 우리 불자들에게 항상 전법하는 부처님과 사부대중이 자리를 함께한 장엄한 법회 도량을 연상시킨다. 이 장면 즉 부처님께서 영산에 구름같이 모인 대중에게 설법해 주신 기쁨을 음악으로 담은 곡이 영산회상靈山會上이다. 이처럼 영축산은 우리의 문화 속에 깊이 뿌리 내리고 있으나 영축산에 담긴 전법 정신, 그리고 영산 당시의 환희심 나는 법회의 모습은 우리 주위에서 쉽게 보이지 않는다.

문화 현상이나 사상 혹은 종교 현상도 본질적 가치를 제대로 살리지 못하면 형식만 남게 되고 그 생명력이 약해지고 만다. 이 시대를 사는 우리는 영축산이라는 산 이름을 남긴 선인들의 깊은 신심과 구도심을 얼마나 따라가고 있는가 반성해 볼 일이다. 영축산 통도사를 찾는 이들이 많다는 상업적 안목으로 대형 놀이시설을 설치하고 매사를 자본주의적 사고방식으로 풀어 가는 데 급급하지 않은가. 비단 영축산 통도사 주위뿐만 아니라 유명 사찰이나 국립공원, 도립공원 혹은 각종 문화재, 사적지 주변 등은 갈수록 상업주의에 점령당하고 있는 현실이다. 그러다 보니 이런 곳을 찾는 국민조차도 공원이나 문화 유적은 한 번 휙 둘러보고 사진 찍는 의례적 코스쯤으로 생각하는 천박한 수준으로 변해가고 있다. 아예 주위의 골프장이나 유흥시설에 몰두하게 되는 것이다. 본말이 전도된 것이다. 가장 순수하고 진지해야 할 청소년들조차도 불국사를 비롯한 경주 일원, 설악산 주위, 공주 인근의 백제 문화권 등을 수학여행이나 소풍 등으로 찾게 되면 문화와 역사에 담긴 의미 학습보다는 신나게 한 번 놀고 가겠다는 분위기에 젖어들고 만다. 우리 사회의 전반적인 분위기가 역사와 문화

탐방, 정신문화보다는 물질문명, 경제 논리, 말초적인 상업주의에 물들어 있기 때문이다. 조상들의 훌륭한 문화를 계승 발전시킨다는 거창한 구호를 내세우지 않더라도, 미래를 생각한다면 지금 우리는 어떻게 살아가야 하는가를 살펴보자. 2500년 전 생생한 모습을 전해주는 수많은 사상, 전등傳燈이 나에게 이어지듯 우리도 배턴을 넘기는 한 자루의 촛불 되어 법등法燈이 되어야 하지 않겠는가.

* 서울시 노원구에도 영축산이 있다.

천명의 스승이 나신 곳,
천성산(千聖山)

경부고속도로가 거의 끝나 가는 통도사 나들목에서 5km쯤 남진하면 왼쪽으로 펼쳐지는 아름다운 산이 있다. 원래 이 산의 이름은 원적산圓寂山이라 했으나 원효대사가 이곳에 올 때 1000명의 대중을 이끌고 와서 수행을 시작하였고 이들이 모두 득도하게 되어 천명의 성인이 나온 곳이라 하여 천성산千聖山이라 부르게 되었다 한다. 양산시웅상읍, 상북면, 하북면 일대에 걸쳐 있는 천성산은 가지산, 운문산, 신불산, 취서산, 원효산과 더불어 영남의 알프스라고 불리며 경남의작은 금강산이라고도 한다. 산에는 원효대사가 창건한 내원사가 있고, 절 입구의 계곡은 작은 소沼가 여럿 있어 아름답기 그지없다.

원적산이라고 할 때 원적의 의미는 무지와 번뇌에서 벗어나 깨달음의 세계로 들어가는 것이다. 입적, 해탈, 열반 등의 말과 같은 의미인데 오늘날에는 더 높은 스님들의 죽음을 뜻하는 말로 더 많이 쓰이고 있다. 정진 수행하여 지수화풍으로 이루어진 육신을 벗어버리고깨달음의 세계로 가는 것이니 무여열반無餘涅槃 아니겠는가. 하지만온갖 욕망과 번뇌, 집착으로 뒤범벅된 중생들은 또 다른 어두움의 세계에 진출하기 때문에 죽음이라 부르는 것이다. 어둠의 세계로 빠지지 않기 위해서 우리 불자들은 열반의 세계를 향한 발원과 용맹정진을 거듭해야 할 것이다. 천수경을 독송하다 보면 '원아조등 원적산'이라는 부분이 바로 여기에 해당하는 내용인데, 원적산에 어서 빨리 오르기를 입으로만 할 것이 아니라 뜻을 알고 실천해야 한다.

산 이름이 원적산이니 깨달음의 세상이라는 뜻이고, 여기에 원효스님과 천명의 대중이 용맹정진하였으니 당연히 깨달음을 이루었으리라. 여기서 천명이라는 숫자는 상징적인 의미로 많음을 뜻하는 것이다. 원효스님의 법력에 수많은 사람이 교화되어 수행하고 깨달음을 얻었다는 뜻일 것이다. 그러니 이 산은 천성산이 아니라 만성산萬聖山, 다성산多聖山이라고 불러도 무방하리라. 하지만 세월이 흐를수록 좋은 기도처와 산들은 훼손되어 가고 사람들의 마음은 도道와 멀어져 가고 있으니 천성산이라는 이름이 지닌 거룩한 뜻도 점차 잊혀 가고 있다.

부처님의 어머니,
불모산(佛母山)

불모산佛母山은 창원시 동남쪽에 있는 산으로 신라 흥덕왕 때 창건한 일명 곱절이라고 부르는 성주사聖住寺가 있으며 옛 기록에 이 산에서 철이 생산되었다는 야철지가 있다. 불모산이라는 이름이 붙게 된 것은 다음과 같이 전해져 오는 이야기에 의한다. 가야국 시대에 김수로왕이 허씨와 결혼하여 아들 9명을 낳았다. 첫아들은 부친의 성을 따라 김해 김씨의 대를 이었고, 둘째 아들은 모친 허씨의 성을 따라 김해 허씨의 시조가 되었으며, 나머지 일곱 아들은 불교에 귀의하여 입산수도하였다고 한다. 불모산이라는 이름은 여기에서 비롯된 것으로, 왕비 허씨가 일곱 아들을 출가시켜 부처님 제자로 만들었으므로 불모산이라 하게 된 것이다.

원래 불모佛母는 자식을 잘 기르고 교육해 출가 사문의 길을 걷게 하는 어머니를 말하며 그 공덕이 무량하다. 경전에 의하면 집안에서 한 명이라도 출가자가 나오면 그 집안이 모두 복덕을 짓게 된다고 하였다. 잘 키운 자식을 불법 문중에 귀의시켜 출가자의 길을 걷게 하는 것은 보통 인연이 아니다. 세상 사람들의 생각은 자식을 남들보다 출세시키고 결혼까지 시켜서 손자 손녀 보는 것이 자식을 위한 최고의 길이라고 생각하기 때문이다. 그러므로 불모는 아무나 될 수 있는 것이 아니다. 좋은 인연과 깊은 신심이 뒷받침되어야 한다.

불모의 다른 의미로는 절에 모실 불상을 조성하거나, 불화佛畵를 그리는 사람을 불모라고 한다. 이 또한 단순한 예술인이 아니라 지극한 신심과 수행심을 가진 자 만이 가능하다. 불국사 석굴암 부처님 상호를 조성한 불모를 생각해보자. 얼마나 그 공부가 깊고 믿음이 확실했기에 만세萬世에 길이 남을 불사를 이루셨겠는가. 이뿐만이 아니라 과거에 조성된 여러 부처님, 보살님의 원만한 상호는 그 시대 불모들의 수행 정도를 보여주고도 남음이 있다. 주위를 살펴보면 최근에도 곳곳에서 불사佛事가 이루어지고 있는데, 환희심이 우러나고 진한 감동이 일어나는 불사가 많다는 소리를 듣지 못하고 있다. 역사에 남을 불모님을 기다려 본다.

*경남 통영시 사량면 사량도에도 불모산(399m)이 있는데 이 섬에서 제일 높은 산이다.

이 땅에 서광을 비추는 태양신 비슈누, 비슬산(琵瑟山)

　대구광역시 달성군 옥포면, 유가면, 가창면, 청도군 각북면에 걸쳐 있는 비슬산琵瑟山은 해발 1084m의 산이다. 낙동정맥이 동해를 끼고 남쪽으로 뻗어 내리다 경주 서쪽 약 15㎞ 지점에 있는 사룡산에서 서쪽으로 갈라진 산줄기가 대구 남쪽에 솟구쳐 올라 북으로는 최정산과 청룡산으로 연결되며 남으로는 조화봉으로 이어져 하나의 큰 산맥을 형성하고 있으니 그 품세가 매우 넓은 산이라 하겠다. 산죽이 군락을 이루어 넓은 초원을 연상케 하는 산 중턱에는 도성스님이 득도한 도성암이라는 암자가 있다. 또 산 정상 부근에는 달 밝은 밤에 선녀들이 베를 짜고 갔다는 전설의 베틀바위가 있어 비슬산을 찾는 이들에게 마음의 여유를 베풀고 있다.

　비슬산이라는 이름에 대해 우리말 벼슬산을 불교식 한자 표기로 불교적 의미를 부여한 이름으로 보는 견해도 있으나, 범어 비슈누(Visnu)의 한자 음역에서 따온 이름이다. 비슈누는 인도의 신화에서 시바신과 양립하는 천신天神이다. 베다 시대에는 태양신으로, 기원전 수 세기경부터 인도의 신관神觀이 변천되어 브라만, 시바와 더불어 3대 신神이 되어 우주의 질서 유지를 관장하는 신으로 알려져 있다. 비슈누가 '세계의 악을 몰아내고 정의를 회복하기 위해 지상에 부활한다.'고 하는 권화사상權化思想에 의해 여러 모습으로 나타난다고 한다.

경남 고성에 있는 연화산의 옛 이름도 비슬산毘瑟山이다. 한자 표기는 다르지만 비슈누의 음역으로 같은 의미를 지니고 있다. 고성의 비슬산은 조선 인조 22년 학명學明스님이 산의 모습이 막 피어오르는 연꽃 모양 같다고 하여 연화산蓮花山으로 고쳐 부르게 되었으나 창조신인 비슈누와 연꽃, 맑디맑은 옥천이 솟는다고 하여 이름 붙인 옥천사玉泉寺 등이 어우러져 조화를 이루고 있다.

* 함남 장진군(현 자강 낭림군과 함남 장진군.부전군 경계)에도 연화산蓮花山이 있다.
* 함남 풍산군, 강원 태백시와 경북 봉화군 경계에는 연화봉이 있다.

가없는 아미타부처님 세계,
무량산(無量山)

　　고성군에 있는 무량산無量山의 무량은 무량광, 무량광불, 무량수불 혹은 무량광의 준말로 아미타부처님을 뜻한다. 《무량수경》은 《관무량수경》, 《아미타경》과 함께 정토삼부경에 해당한다. 또 다른 무량은 산스크리트어 apramana의 번역이다. 무량 중생에게 즐거움을 주고, 괴로움의 미혹을 없애주기 위해 자慈, 비悲, 희喜, 사捨의 네 가지 마음을 일으켜야 한다는 사무량심이다. 먼저 자慈무량심은 즐거움을 주는 것이고, 비悲무량심은 다른 사람의 고통을 없애 주는 것이다. 희喜무량심은 다른 사람의 즐거움이 많아지는 것을 기뻐하는 것이며, 사捨무량심은 남을 대할 때 미워하거나 좋아함에 있어서 차별 없는 마음이다. 이런 무량심으로 산다면 이 세상이 바로 극락정토가 될 것이다.

　　삶에 있어 대인관계에서 행복이 좌우된다. 직장생활 하는 사람은 직장 상사와 혹은 동료, 아래 사람과의 인간관계가 얼마나 우리의 삶에 많은 영향을 미치나 잘 알 것이다. 직장인이 아니더라도 사회생활을 하는 사람은 모두 마찬가지이다. 부처님의 말씀에 따라 사는 불자들이 사무량심과 같은 실천 덕목을 주위에 많이 권하고 솔선하여 실천해야 한다. 현대사회가 인터넷 환경 등 사이버 문화로 바뀌어 가면서 더욱 개인주의 성향을 띠고 있으므로, 사무량심의 실천이 더욱 요구되고 있다. 산 이름에서 아미타부처님을 그리워하고 다른 이의 기쁨과 고통을 배려하는 마음을 얻는다면 무량산이라고 지은 이의 뜻에 보답하는 길이 될 것이다.

이 땅에 영원히 함께하는 우리들의 스님 원효, 원효산(元曉山)

양산시 웅상읍, 하북면河北面, 상북면上北面의 경계에 있는 원효산元曉山(922m)은 양산시 중앙부를 남북으로 뻗은 정족산鼎足山 줄기의 지맥에 해당하는 산으로, 이 산줄기에 따라 양산시가 동·서로 갈린다. 원효암을 비롯하여 성불사成佛寺 등의 사찰이 있다. 원효스님의 자취는 전국에 골고루 나타난다. 북쪽으로는 경기도 연천의 소요산과 자재암에, 동쪽으로는 강원도 낙산, 서울의 북한산, 남쪽으로는 광주의 무등산 그리고 경주, 울산 등지에 이르기까지 스님의 중생 사랑 자비행이 천년의 역사를 뛰어넘어 오늘에 공존하고 있다. 특히 전국적으로 고르게 원효봉이라는 이름으로 남아 있으며 그 주위에는 꼭 의상봉을 달고 있다.

원효스님이 활동하던 시대의 불교계의 흐름은 비교적 학문적이고 왕실을 중심으로 한 귀족불교가 주류를 이루고 있었기 때문에 일반 민중이 쉽게 부처님의 가르침에 접하기가 쉽지는 않았다. 대안스님이나 혜공스님 등 일반 백성의 교화에 애쓴 스님이 많았지만, 가장 활동영역이 넓은 분은 바로 원효스님이었다. 신라에 의한 삼국통일은 역사적, 국가적 의미에서 많이 다루어졌지만, 고구려와 백제의 백성으로서는 너무나 큰 상처였다. 장기간의 전쟁으로 인한 후유증은 바로 백성들의 삶에 반영되었으니, 식량의 절대 부족과 부상과 질병, 가까운 사람을 잃은 허무감, 노동력의 부족 등 생활 공동체의 붕괴는 엄청난 고통이 아닐 수 없다. 이는 정치나 국가에서 행정적으로만 치유할 수 있는 아픔이 아니었다. 원효스님의 발자국에 그 아픔을 치유한 흔적이 남아 있다.

원효스님에 대한 연구논문은 박사학위 20여 편을 비롯해 약 700여 편으로 단일 인물에 관한 연구로는 타의 추종을 불허하는 숫자이다. 이제 원효스님의 사상을 통해 무엇을 할 수 있는가. 원효스님의 사상은 특정한 종파에 치우치지 않고, 종합하여 분열이 없는 통일된 사상 체계를 세움에 그 가치가 있다. 이러한 원효 사상을 화쟁사상和諍思想이라 한다.

첫째, 스님의 화쟁사상은 계층·계급·지역·민족·종교 간의 화해和解와 협력協力을 위한 정신적 토대를 제공해주고 있으니, 오늘날 가장 절실하게 요구되는 이념이라 하겠다. 이 화쟁사상으로 분열을 화합으로, 갈등을 사랑으로 풀 수 있는 것이다.

둘째, '귀일심원(歸一心源) 요익중생(饒益衆生), 일심으로 돌아가 중생을 이롭게 한다'을 내세우고 전국을 구석구석 누빈 원효스님의 실천행은 갈등이 심한 우리 사회에서 절실한 실천적 사표師表로 삼을 수 있다.

셋째, 사찰寺刹과 경전 속에 안주하지 않고 새로운 유형의 불교를 창출하기 위해 정진했던 스님의 태도는 오늘날 한국 불교 교단에 시사하는 바가 크다.

* 서울시의 북한산, 충남 예산군의 덕숭산, 부산시의 금정산 등에 원효봉이 있다.

천년의 세월을 뛰어넘어
의상봉(義湘峰)

경남 거창군에 있는 의상봉義湘峰은 해발 1046m의 높은 산으로 억새 풀밭과 암릉 지대로 이루어진 산이다. 의상봉에는 의상대사가 창건한 사찰로 전해져오는 고견사가 있으며, 역사를 증명하듯 절 마당에는 수령 천년이 넘는 은행나무가 풍상을 이겨내고 있다. 고견사는 오래된 석불과 탑이 보존되어 있고 절 후면의 바위 봉우리의 모습이 특이하고 주위 경관이 뛰어난 곳이다. 의상대사의 이름을 딴 봉우리는 서울의 북한산, 경북 봉화군 청량산, 광주 무등산, 경남의 원효산, 경기 동두천 소요산의 주봉 등에 있으며, 또 내변산 능가산의 의상봉, 낙산사의 의상대, 거제도의 의상대 등에도 의상스님의 이름이 나타난다. 원효, 의상 두 분 이름이 함께 있는 산 이름도 있고 이렇게 따로 있기도 하다. 전국 명산에 원효봉, 의상봉 이름이 제일 많다.

의상스님은 신라 진평왕 47년(625년)에 태어나 황복사에서 출가하여 일찍이 8년 위인 원효스님과 고구려의 보덕스님께 열반경 강의를 듣고(대각국사문집) 당나라로의 유학을 꾀하나, 당시 국제사정으로 인하여 뜻을 이루지 못하고 두 번째 시도에서 중국 유학에 성공한다. 국내파인 원효스님과 해외 유학파인 의상스님은 자주 대비되기도 하면서 지명에 함께 등장하는 경우가 많다. 지엄스님이 꿈에서 동방의 서라벌에서 생긴 구름이 중국을 덮는 장면을 보게 되는데, 바로 그날이 의상스님이 중국에 도착한 날이었다는 전설이 있다. 이런 이야기를 통해 볼 때 이미 의상스님의 명성은 국제적이었음을 알 수 있다. 의상스님이 고국 신라로 돌아올 때도 위험에 빠진 나라 사정을 구하기 위해서였다. 원효스님이 일반 백성에 가까이 가서 전법 활동을 펼쳤지만 의상스님은 주로 불교 교단 쪽으로 활동을 펼치는 데 주력하였다. 낙산사 원통보전에는 관세음보살이 모셔져 있고 오른쪽에는 의상대사 진영이 모셔져 있다.

위 없는 진리의 세계, 정각산(正覺山)

   밀양의 정각산正覺山은 해발 856m의 산으로 이웃한 삼각산(887m)과 말발굽 형상으로 이어져 있다. 등산객들의 발길이 많이 닿는 산은 아니나, 능선에 올라서면 인근의 유명 산들이 보일 정도로 시야가 좋은 산이다. 산세가 좋은 곳이라 인식되어 그 어느 산에 비해 묘지가 많다. 특히 산 정상 가까이에서도 묘지가 보인다. 이런 유형은 경주 남산 등에서도 나타나는데 모두 인간의 본능적인 욕심에서 나오는 어리석은 일이라 하겠다. 여럿이 함께 누려야 할 아름다운 산을 해치는 무지無知한 행위는 더 일어나지 않아야 하겠다. 이 산의 이름이 어리석음에서 벗어나 깨달음으로 간다는 뜻을 지닌 정각산이니 그 뜻을 다시 한번 생각해 볼 수 있다. 정각은 바른 깨달음이라는 뜻으로 산스크리트어로 '아뇩다라샴막삼보리'이다. 세상을 살아가는 중생들은 욕망과 어리석음에 눈이 어두워 바로 보지 못하고 잘못된 삶을 사는 경우가 많다. 이 모든 잘못됨에서 벗어나 세상을 바로 보고 참된 행복의 길을 찾는 것이 깨달음의 세계로 가는 것이다. 그 깨달음 중에서 가장 으뜸인 깨달음을 '위 없는 깨달음(무상정등각無上正等覺)'이라고 하는데 바로 석가모니 부처님의 깨달음인 것이다.

* 전주 남쪽 30리 임실 경계에 정각산이 있다.

중생들의 가장 큰 공덕을 알려주는
공덕산(功德山)

경북 문경시 산북면에 있는 공덕산功德山은 사불산四佛山으로 많이 알려져 있다. 신라 진평왕 때 창건된 대승사가 수많은 고승대덕을 배출하고 있는 곳이다. 공덕산이 사불산으로 불린 것은 사면체 바위에 부처님 모습이 새김 되어 있는 사불암四佛庵에서 유래하였다. 대승사 사적비에는 다음과 같은 기록이 있다. "사불산은 원래 이름이 공덕산인데 신라 진평왕 9년에 사면에 불상이 조각된 일좌방장암一座方丈岩이 홍사紅紗에 싸여 천상으로부터 공덕산 중복에 내려왔다는 소문이 궁중까지 전하여 왕께서 친히 공덕산에 횡행하니 …(중략)… 이로 인하여 산 이름은 사불산으로, 사명은 대승사라 칭하게 되었다."

사불암은 높이 2m, 각 면이 1.5m 정도인 사면체 바위인데 사면에 부처님 모습이 새김 되어 있다. 부처님의 형체만 희미하게 남아 있으나 능선 위 큰 바위에 터 잡은 사불암은 공덕산과 함께 어디에서도 볼 수가 없는 멋진 풍광을 내뿜는다.

자신이 쌓고 있는 공덕의 무게는 얼마나 될까? 양무제는 자신이 황제로 있으면서 많은 절을 창건하고 수많은 불사를 했기 때문에 그 공덕이 엄청날 것이라는 생각이 있었다. 마침 인도의 고승이라고 하는 달마대사가 왔기에 마침 잘되었다 하는 생각에 짐짓 잘 모르는 척하며 이렇게 물어본다.

"나의 공덕이 얼마나 될꼬?"

달마대사의 답은 '무無'.

양무제는 황당하기도 하고 괘씸하기도 하고 기분 나빠서 다시 한번 질문해보지만, 대답은 마찬가지였다. 불살생不殺生의 계율에 철저하기 위해 투견대회도 없애고 동물 문제까지 적극적 관심을 보여 동물애호협회의 선구자라고 할 만한 양무제에게는 충격적인 일이었음이 분명하다. 오늘날에도 권력과 명예로 공덕을 얻으려는 사람이 적지 않다. 그리고 일회적이거나 대가를 바라면서 보시하여 공덕을 취하려는 사람도 있다. 《금강경》의 무주상보시無住相布施를 많이 알면서도 실천하는 불자가 많지 않으니 사회적으로도 많은 공덕이 보이질 않는다.

특히 부처님 오신 날이 되면 연등 이야기가 심심찮게 나오는데, 아직도 크고 잘생긴 등을 제일 좋은 위치에 달고 직접 확인하는 사람들이 있으니 연등 공덕이 과연 있겠는가. 딴마음이 있는 정치인이야 인간적 측면에서 이해할 수 있지만, 부처님 말씀대로 살겠다는 불자들이 그런 잘못된 관념을 깨지 못한다면 평생 공덕을 쌓지 못할 것이다. 《비화경》 5권에 나오는 공덕산에 대한 한 구절을 소개한다.

중생들을 위하시어 선한 길을 보이시고 기치를 세우시어 공덕산을 쌓으시네.

한량없는 중생에게 이익을 주시어서 그들에게 빠짐없이 공덕을 채우시네.

* 충청북도에도 공덕산이 있다.

보광산에서 금산(錦山)으로,
관음 기도 도량 남해 금산

    경남 남해군 이동면과 삼동면에 있는 남해 금산錦山은 우리나라 관음보살 3대 기도처인 남해 보리암이 있는 산이다. 삼남 제일의 명산으로 온갖 전설을 담은 38경의 기암괴석이 금강산을 빼닮았다 하여 소금강 혹은 남해의 금강이라 부른다. 주봉인 망대(701m)를 중심으로 왼편에 문장봉, 대장봉, 형사암, 오른편에 삼불암, 천구암 등 암봉이 솟아 있다. 탑대(고제암)를 중심으로 가사굴, 쌍홍문 등 명소가 많다. 쌍홍문은 마치 여인의 눈동자 같기도 하고 커다란 해골에 두 눈이 뻥 뚫린 듯하기도 한 쌍굴로서 높이는 7~8m쯤이다. 금산의 절경 38경에서 사선대, 상사암, 암불암 등도 대표적인 명소다.

    쌍홍문 굴속에서 내려다보는 산과 바다의 경치는 너무나 아름답다. 금산에서 가장 웅장한 높이 80m의 상사암에는 양반집 규수를 짝사랑하던 머슴의 전설이 얽혀 있는데 이 바위에 올라 기원하면 사랑을 이룰 수 있다는 전설이 있다. 수많은 바위와 굴이 어우러진 아름다운 산세와 아스라이 펼쳐지는 남해의 아름다움이 조화를 이루어 정말 이름처럼 비단결 같은 고운 산으로 우리를 기다리고 있다.

    남해 금산은 신라시대 원효스님이 이 산에 보광사라는 절을 지었기 때문에 보광산으로 불리던 것을 고려 말 이성계가 이곳에서 백일 동안 관음보살 기도 끝에 조선왕조를 개국하게 되자 그 후로 비단 금錦 자 금산이라 부르게 되었다. 조선왕조를 연 태조 이성계는 왕이 되기 전, 전국의 명산대찰을 찾아 기도했다. 이곳 보광산에서 백일 동안 관음보살 기도를 했는데, 꿈에 관세음보살님이 나타나 금으로 된 자를 이성계에게 주었다. 후에 왕이 된 이성계는 부처님의 현몽에 감사하는 불사를 하기 위해 보광산을 금색 비단으로 둘러싸 자신의 마음을 나타내려 했으나 현실적으로 불가능함을 알게 되었다. 마침 주위의 이야기도 있고 해서 차라리 산 이름을 비단 금錦 자를 써서 금산이라고 하는 게 좋겠다 싶어 산 이름을 보광산에서 금산으로 바꾼 것이다. 그 뒤 세월이 흘러 현종 때에는 절 이름도 보광사에서 보리암으로 바꾸었다.

불교 경전에 자주 나오는 기원정사는 부처님께서 자주 설법을 하신 곳인데, 이곳을 기증한 사람이 수닷타 장자이다. 수닷타 장자는 이 땅을 부처님께 기증하기 위해 원주인에게 땅을 팔라고 요구한다. 이 때 땅 주인이 이 땅을 황금으로 덮어줄 돈을 요구하자, 수닷타 장자는 정말 황금을 구해와 깔기 시작했고 마침내 감동한 주인이 땅을 내놓게 된다. 수닷타 장자의 진실한 보시행을 잘 보여주는 이야기이다.

그런데 이성계는 산 이름으로 보시하고 말았으니, 그 가피력에 비해 성의가 부족함을 알 수 있다. 실제 많은 사료에 나타나듯이 이성계는 많은 기도와 무학대사의 도움 등에 큰 힘을 얻었다. 하지만 정책적으로는 숭유억불 정책을 펴고 불교계에 큰 피해를 끼치게 된다.

어쩌면 이곳 금산은 아름다운 풍광과 자태를 최대로 찬사하여 금산이라고 이름 지었을 확률이 더 높다. 이름에 얽힌 이야기와 상관없이 청정한 남해를 안고 있는 금산은 관세음보살 상주처로 생각되어 기도객이 끊이지 않고 있다. 즉, 금산에서 지극 정성으로 관세음보살 기도를 하면 깨달음 즉 보리菩提를 얻을 수 있다는 뜻을 포함해서. 동해 낙산사와 서해 강화 보문사와 함께 한국 3대 관세음보살 기도도량으로 수많은 인파가 끊이지 않고 있다.

* 원효스님이 수행하시던 좌선대는 자연 동굴 위쪽에 있다.

문수보살이 계시는 곳,
청량산(清凉山)

경북 봉화군에 있는 청량산清凉山은 기암괴석이 봉을 이루며 최고 봉인 의상봉을 비롯해 보살봉, 금탑봉, 연화봉, 축융봉 등 12개의 암봉이 옹립해 있는 산이다. 봉우리마다 대臺가 있으며 자락에는 8개의 굴과 4개의 약수, 내청량사(유리보전)와 외청량사(응진전), 이퇴계 서당인 오산당(청량정사) 등이 있다.

청량산 육육봉을 아는 이는 나와 백구
백구야 훤사하랴 못 믿을 손 도화로다
도화야 떠지지 마라 어주자漁舟子 알까 하노라

청량산의 아름다움을 노래한 퇴계 이황의 시조이다. 퇴계는 어릴 때부터 청량산에서 글을 읽고 사색을 즐겼으며 말년에도 도산서당에서 제자들을 가르치는 틈틈이 이 산을 찾았다고 한다. 청량산 주변에는 신라시대 최치원의 유적지로 알려진 고운대와 명필 김생이 서도를 닦던 김생굴 외에도 암릉을 따라 금강굴, 원효굴, 의상굴, 반야굴, 방장굴, 고운굴, 김생굴 등이 들어서 있다. 이를 통해 알 수 있듯이 청량산은 어느 산보다 역사상의 많은 인물과 인연을 맺고 있다. 원효, 의상, 김생, 고운 최치원, 공민왕, 퇴계 이황 등의 깊은 인연이 청량산에 남아 있으니 보통 인연이 아니라 하겠다. 원효대, 반야대, 만월대, 자비대, 청풍대, 의상대 등 12개의 대(臺) 이름에도 불교의 가르침을 담은 이름들이 많이 있음을 알 수 있다.

이러한 청량산은 문수보살이 머무는 산이다. 《화엄경》에 "동북방에 보살이 머무는 곳이 있으니 청량산이라고 부른다. 현재 그곳에 문수보살이 일만 보살 권속과 더불어 항상 설법하고 있다."라는 구절이 있기 때문이다. 그래서 문수신앙과 관련된 곳은 청량산, 청량봉 등의 이름이 남아 있다. 중국에도 같은 의미의 청량산이 있다. 문수보살의 지혜가 중생들의 가슴에 와닿으면 답답함이 모두 사라지고 시원함을 느낄 수 있다고 해서 청량산이라 하는지도 모르겠다. 전북 고창군의 청량산도 신라의 자장스님이 문수보살의 가피를 입은 곳이다.

자장스님이 당나라의 청량산에 들어가 21일 동안 기도하고 귀국 후, 이곳을 지나다가 산세가 중국의 청량산과 비슷하다고 생각했다. 산기슭에서 7일 동안 기도를 하는데 꿈속에서 문수보살이 나타났다. 다음 날 아침 문수보살 입상을 발견하고 문수사를 짓고 청량산(대동지지)으로 부르게 되었다. 경북 봉화군의 청량산도 역사의 향기가 가득한 산인데 원효대사, 김생, 이황 등의 위대한 인물을 낳았다. 바로 문수보살의 지혜가 담긴 청량산의 정기가 이런 역사를 만든 것이다. 더구나 주봉인 의상봉과 보살봉이라는 봉우리까지 있어 청량산 전체가 불, 보살의 가피로 가득하다. 이곳 청량산뿐만 아니라 많은 곳에서 문수보살을 친견하는 인연 이야기가 전해져 오는데 요즈음의 사람들이 신심이 약해서인가 간절한 마음이 부족해서인지 최근에는 그런 영험도 듣기 힘드니 안타까운 일이다.

도립공원 청량산 한가운데 자리 잡은 청량사는 전설에 의하면 신라 문무왕 3년(663년)에 원효대사가 창건한 고찰이다. 이후 고려 제15대 숙종 6년(1101년)에 무애국사가 중건한 바 있고, 조선 제22대 정조 원년(1777년)에 다시 중건함으로써 당시 국내 3대 사찰의 하나로 손꼽혔으며 800여 명에 이르는 스님이 수도하였다고 전하여 온다. 특히 이곳은 삼재불입지三災不入地라 하여 조선 선조 39년(1606년)에 사찰 북방 1.1km 지점 각화산 중턱에 태백산 사고를 나라에서 건립하여 1913년까지 약 300여 년간 조선왕조실록을 보관했었다. 본 사고 건물은 해방 전후의 시기에 누군가의 방화로 소실되었으나 1988년 건물의 유구를 발굴하고 사고지를 정비하여 1991년 2월 26일 사적 348호로 지정하였다.

* 북한 지방에 두 곳에서 발견된다. 〈동국여지지도〉에 나타나 있는 곡산, 문성 동쪽과 중화 북쪽, 평양 대동강 남쪽에 청량산이 있다.
* 경기도 남한산성 내 청량봉이 있다.
* 인천시 연수구에 청량산이 있다.

정토의 산,
경주 남산(南山)

　신라인의 온갖 혼이 담긴 경주 남산南山은 그 자체가 신라인들에게
절이요, 신앙으로 자리한다. 수많은 절터와 유적은 나름대로 아름다
운 전설을 간직하고 있다. 우거진 송림 사이로 뻗어 있는 오솔길을 따
라 걷노라면 곳곳에 신라의 유적과 유물을 만날 수 있다. 경주 사람
들은 흔히 '남산을 오르지 않고 경주를 보았다고 말할 수 없다고' 한
다. 금오산(468m)과 고위산(494m)의 두 봉우리에서 흘러내리는 40여
개의 계곡 길과 산줄기로 이루어진 남산에는 100여 곳의 절터와 60
여 구의 석불과 40여 기의 탑이 있다. 이와 함께 남산의 지정문화재
로는 보물 13곳, 사적 12곳, 지방유형문화재 9개와 중요 민속자료 1개
로 곳곳에 유적이 산재해 있다.

　고위산과 금오산 사이로 흐르는 용장골은 남산의 많은 계곡 중에
서도 가장 깊고 크며 맑은 시냇물이 사시사철 마르지 않고 흐르는 곳
이다. 매월당 김시습(1435-1493년)에 얽힌 설화가 전해 내려오는 용장
사에는 바위 위에 삼층석탑(보물 제186호)이 있다. 삼층석탑에서 약
200m 아래에는 둥근 형태의 특이한 대좌 위에 몸체만 남은 석불좌
상(보물 제187호)이 있다. 신라의 수도였던 남산처럼 수많은 불교 유적

이 많이 남아 있는 곳은 없다. 산 전체가 부처님 나라처럼 수많은 절과 탑으로 장엄하였던 곳이다. 불교가 신라 땅에 들어온 이후 이곳 남산은 불교의 이상향 정토처럼 이루어진 곳이다.

지금까지 조사된 절터만 해도 약 110여 곳, 산 중간에 있는 크고 작은 바위에 새겨진 마애불, 좌불, 입석불 등이 80여 곳에 있고 여러 형태의 탑과 터가 60여 곳에 이른다. 하지만 안타깝게도 아직 제대로 발견하지 못한 유물이 수없이 많으며, 발견된 불교 유물도 제대로 관리를 잘못하고 있어 갈수록 훼손 방치가 늘어나니, 우리가 진정 문화민족의 후손이라 자칭할 수 있는가? 국가에서 정신적 여유가 없어 못하면 불교계나 문화계에서라도 노력해야 함이 마땅하다. 선조들의 정신이 깃들어 있는 문화유산을 버려두거나 관리를 잘못한다면 문화민족임을 포기하고 민족주체성을 포기하는 것이다. 불국사와 석굴암 등에 관한 관심에 가려 남산 전체가 지닌 문화유산에 대해 상대적으로 소홀했음을 자각하고 남산이 지닌 가치를 되살려내는 노력을 해야 한다.

보현보살의 원력,
보현산(普賢山)

경북 영천시와 청송군 일대에 있는 보현산普賢山(1126m)은 태백산맥의 줄기인 중앙산맥의 가운데 있으며, 보현산 하나의 맥을 이루므로 이 자체를 보현산맥普賢山脈이라고 부르기도 한다.

팔공산으로 유명한 팔공산맥八公山脈의 분기점이기도 하다. 시루봉, 작은보현산 등을 거느린 매우 웅장한 산이다. 정상 동쪽 봉우리 일대에 있는 1996년에 세워진 한국천문연구원 보현산 천문대가 있다. 보현산 자연휴양림, 보현산댐, 별빛마을야영장, 녹색체험터 등으로 널리 알려진 보현산은 절골, 법룡사, 법화사지, 정각사지터(칠층석탑) 등 신라시대의 화려한 불교성지였음을 알 수 있다. 보현산에서만 발견되는 개별꽃이라고 명명된 보현개별꽃 등 희귀식물 690여 종이 있는 생태계의 보고寶庫이기도 하다. 엄청난 생산량을 자랑하는 잣나무숲도 있었지만 일제강점기 말기에 다 베어졌다고 한다.

이렇게 산림자원이 풍부하고 많은 문화유산까지 품고 있는 보현산의 보현은 과연 어떤 의미일까?

보현은 매우 중요한 보살의 이름이다. 보현보살은 석가여래의 오른쪽에서 서 있는 보살로 문수보살과 함께 모든 보살의 으뜸이 되어 언제나 여래의 중생 제도하는 일을 돕는 역할을 맡고 있다. 또 보현보살은 흰 코끼리를 탄 모습이나 연화대에 앉은 모습으로 나타나기도 한다. 보현보살의 열 가지 큰 원을 보현십원普賢十願이라 하는데 다음과 같다.

1) 모든 부처님께 예경禮敬하는 것: 우리를 위해 진리를 설해주신 부처님께 예배하고 공경하는 것이다.

2) 여래를 찬탄讚歎하는 것: 부처님의 복福과 덕德을 기쁜 마음으로 노래하는 것이다.

3) 공양供養을 널리 닦음: 모든 중생을 위하여 정신적, 물질적 가치를 베푸는 것이다.

4) 업장業障을 참회함: 자신이 지은 행위에서 잘못된 것을 뉘우치는 것이다.

5) 공덕功德을 기쁜 마음으로 따름: 좋은 일과 복 짓는 일을 함께 기뻐하는 것이다.

6) 법륜法輪 굴리기를 청함: 참된 부처님 진리가 이 세상에 널리 알려지기를 바라는 것이다.

7) 부처님께서 항상 세상에 머물기를 청함: 중생의 스승이신 부처님께서 우리와 항상 함께하기를 바라는 것이다.

8) 항상 부처님을 따라 배울 것.

9) 항상 중생을 수순隨順할 것: 중생의 바람에 따라 주는 것이다.

10) 모두 회향廻向할 것: 복덕을 모두에게 골고루 돌아가게 하는 것이다.

이상의 열 가지 서원은 모든 보살의 행원을 대표한 것이다. 이 보현 십대원을 고려 초 균여대사가 불교가요로 지은 '보현행원가'라는 향가가 있다. 균여대사는 보현보살의 큰 원을 일반 백성들이 쉽게 접할 수 있도록 노래로 지은 것이다. 어려운 내용을 쉽게 전하려는 스님의 간절한 마음이 보이는 대목이다. 오늘날에도 급속하게 변해 가는 언어, 문자 환경에서 불교의 내용을 쉽게 전할 수 있는 노력이 많이 필요한 때이다. 보현보살의 원은 우리 인간이 어떤 자세로 살아가야 하는가에 대한 답을 보여준다. 나보다는 이웃을 위하는 마음, 자신의 생활을 돌아보고 참회하는 것, 부처님 진리에 입각한 삶의 실천 등 인생의 방향을 잘 제시하고 있다.

《비화경悲華經》 '모든 보살 본수기품'에서 부처님이 보현보살에게 수기하는 장면을 보자.

> 너 일어나라 선도사善導師여, 이미 원대로 되었도다.
> 능히 중생을 잘 가르쳐서 모두 일심一心을 얻게 하고
> 번뇌의 물을 건네어 악법에서 벗어나게 하리니
> 앞으로는 세상을 밝혀 줄 천생 인간의 스승이 되리라.

– 화엄경

보현산은 강원도 강릉시 등에도 있다.

* 경상도의 산山 중에서 불교사상으로 장엄莊嚴한 산 이름

- 원효산(922m): 양산시에 있는 산으로 원효스님의 사상을 널리 선양하는 뜻으로 이름을 붙였다.

- 의상봉(1046m): 거창군에 있으며 주로 원효산, 원효봉과 가까운 곳에 의상봉이 있다.

- 천황산天皇山(1189m): 밀양시에 있다.

- 신불산神佛山(1159m): 울산시에 있다.

- 원적산圓寂山(635m): 울산시에 있다. 원적圓寂은 깨달음의 세계를 뜻한다.

- 미타산彌陀山(662m): 합천군에 있다. 미타彌陀는 아미타불의 약칭으로 무량광無量光, 무량수無量壽, 감로甘露라고도 한다.

7부

부산시

마르지 않는 진리의 샘, 금정산(金井山)

금정산金井山은 부산에서 가장 경치가 수려하고 장대함을 자랑하는 명산이다. 높지는 않지만, 그 산세가 매우 수려하여 남쪽의 금강산이라는 별명을 얻을 정도이며 부산 시민의 마음의 고향이라 할 수 있다. 범어사와 금강공원, 동래 온천 등이 있어서 산을 찾는 이들의 발길이 끊이지 않는다. 부산 최대의 산으로 북으로는 경남 양산시 동면, 동으로는 부산의 금정구, 남으로는 동래구, 서로는 북구와 접하는 넓은 지역에 걸쳐 있는 부산의 진산鎭山이다. 동해안을 따라 남쪽으로 치닫는 남쪽 끝에 솟은 산으로 주봉인 고당봉(801.5m), 장군봉(727m), 계명봉(605m), 상계봉(638m), 원효봉(687m), 의상봉(620m), 파리봉, 미륵봉, 대륙봉 등 600m 내외의 봉우리들로 이루어져 있다.

금정산의 명찰 범어사는 금정산과 함께 항도 부산을 지켜오고 있다. 금정산이라는 이름이 생기게 된 사연에 대해 《동국여지승람》에는 다음과 같이 기록되어 있다.

"산마루에 큰 바위가 있으니 높이가 3길쯤 되고 바위 위에는 우물이 있는데 둘레가 10여 척이고 깊이가 7촌쯤 된다. 물이 항상 가득 차 있어 가뭄에도 마르지 않고 황금빛이 나는 우물이다. 세상에 전해 오기를 한 마리의 금색 물고기가 오색 구름을 타고 하늘로부터 내려와 그 속에서 헤엄쳐 놀고 있었기 때문에 이로써 금정산이라 하고 범어사라 이름 지었다 한다."

금정산 상봉에 있는 금빛 우물에 물이 있고, 산 위에서 멀리 내려다보이는 낙동강 물이 떨어지는 태양에 황금빛으로 변하니 이름 그대로 금정산이 될 수밖에 없었을 것이다. 또 다른 시각으로 보면 '금金빛 우물#이 있는 산'이라는 뜻의 금정산은 예로부터 금빛 물을 넘치게 하는 큰 우물이다. 즉, 부처님 법을 널리 펴는 위대한 구도자와 불교의 인재를 많이 배출해내는 터전이라는 뜻이 아닐까. 금빛 우물은 어떤 상황에서도 마르지 않고 빛을 발하고 있다. 그래서 이곳 금정산과 범어사에는 예로부터 수많은 선지식이 출현했다. 의상대사, 원효대사, 서산대사 법통 범어문중 등이 이 땅에 불법을 빛내고 법맥을 이어오고 있다. 현대에 와서는 한국불교를 대표하는 많은 인재를 배출하고 있고 각종 불교 교양대학 등에서 신심 깊은 포교사를 양성해내고 있어 금빛 우물의 역할을 충실히 하고 있다. 항도 부산의 불심佛心이 다른 곳보다 지극한 것도 '금빛 우물'에서 넘쳐나는 지혜의 물결 때문이리라 믿어진다.

이런 사실을 증명이라도 하듯이 금정산에는 이 땅의 영원한 스승이신 원효스님과 의상스님을 뜻하는 원효봉과 의상봉이 남북으로 나란히 서 있다. 아마도 끊임없는 금정의 정신처럼 법맥을 이어가라는 암시를 하는 것은 아닐까? 우리 조상들은 산 이름이나 봉우리 이름을 지을 때 많은 생각 끝에 결정하였다. 그런데 원효봉과 의상봉은 같은 지역 내에서 그 이름이 함께 발견되는 경우가 많다. 대표적으로 서울의 북한산에 의상봉과 원효봉이 나란히 있다.

왜 원효봉과 의상봉은 같이 따라 다닐까? 원효스님과 의상스님은 많은 면에서 대비되는데, 의상스님은 교단 중심으로 영향력을 발휘하였고 원효스님은 저잣거리에서 염불하며 민중의 교화를 위해 애썼다. 물론 원효스님도 왕실이나 궁중법회, 백고좌법회 등에서 설법을 하기도 했지만, 전체적으로 볼 때 백성들의 삶 속에 더욱 친근한 자취를 많이 남겼다. 이런 사실을 뒷받침하는 여러 예화가 《삼국유사》 등에 전해지고 있다. 관세음보살이 냇가에서 빨래하는 여인으로 나타나 원효스님을 시험했다거나, 원효스님이 전쟁이 남긴 민족의 상처를 치료하기 전국을 돌며 대중들과 함께했다는 이야기들이 곳곳에 남아 있다.

또 다른 각도에서 조명해보면 의상스님은 당나라 유학파의 대표요 원효스님은 국내에서 공부한 스님의 대표라고 할 수 있다. 의상스님의 대표적인 저서로는 《화엄일승법계도》가 있고, 원효스님은 《대승기신론소》, 《십문화쟁론》 등이 있다. 이렇게 대비되는 스님이지만 항상 두 분의 이름을 우리 주위에 두고 싶어 하는 조상들은 전국 곳곳의 산과 봉우리 절 이름에 두 스님의 이름을 남겨 놓았다. 앞서 말한 북한산 외에도 경남 양산시 원효산(천성산)의 의상봉과 원효봉, 광주 무등산의 원효사, 강원도 낙산의 의상봉 등이 있다.

도솔천,
도솔산(兜率山)

　부산 구덕운동장 뒤쪽 내원정사 뒷산 이름이 도솔산兜率山이다. 도솔천兜率天의 세계를 상징하는 도솔산은 전국에 걸쳐 고르게 분포하고 있다. 그만큼 우리 조상들이 미륵정토를 간절히 발원하고 있음을 보여준다. 왜냐하면, 도솔천은 미륵보살님의 정토이기 때문이다. 도솔천은 욕계 6천의 넷째 하늘에 해당하는 세계이며 수미산 꼭대기로부터 12만 유순 위에 있는 하늘이라 한다. 칠보로 만든 아름다운 궁전이 있고, 한량없는 하늘 사람들이 사는 곳이다. 여기에 내원과 외원이 있으니, 외원外院은 일반 천중의 욕락처이고, 내원內院은 미륵보살의 정토를 말한다.

　미륵보살은 일생보처 보살로서 여기에 있으면서 하늘 나라 사람들을 제도하며 남섬부주에 하생하여 성불할 시기를 기다리고 있다. 이 하늘은 아래로는 사천왕, 도리천, 야마천이 욕정에 잠겨있고 위로는 화락천, 타화자재천이 들뜬 마음이 많은 데 비해 잠기지도 들뜨지도 않으면서 오욕락에 만족한 마음을 냄으로, 다음에 성불할 보처보살이 머문다고 한다. 사바세계에 나는 모든 부처님은 반드시 이 하늘에 계시다가 성불한다. 그러므로 도솔천 내원궁은 그 이름이 같이 붙어

다닌다. 도솔산이라는 이름에 내원정사라는 큰 절을 불사佛事한 이의 깊은 지혜가 돋보인다. 인류는 동서고금을 막론하고 이상세계를 그리워한다. 그만큼 인간의 현실적 삶이 힘들고 고통스럽다는 것을 의미하기도 한다. 인간의 고통은 본능적인 욕심 때문이다. 인간 욕심의 끝없음을 설파한 경전의 한 구절을 음미해보자.

> 비록 여기에 저 설산雪山만 한 순금 덩어리가 있다고 하자.
> 어떤 사람이 그 금을 다 얻는다 해도 오히려 만족할 줄 모를 것이다.
> 그러므로 저 지혜로운 사람은 그 금을 돌과 같다고 보느니라.
>
> – 잡아함경 권39 작왕경

그렇다. 이 끝없는 욕망 때문에 사람들은 고통스러워한다. 그러나 지혜로운 사람은 물질적인 욕망에서 벗어나 세상을 바로 보는 여유를 갖는다. 이 땅의 우리 조상들은 후세에 오실 미륵 부처님을 간절히 기다리면서 현세의 모든 고통을 극복했다. 삶이 힘들고 괴로울수록 미륵정토를 염원해왔다. 그런 간절한 염원을 도솔산, 용화산, 미륵산 등으로 나타내었다. 항상 눈을 뜨면 보게 되는 주위의 아름다운 산에 미륵정토의 이름을 붙이고 미륵 부처님이 이 땅에 오시기를 바라는 원願을 가지고 살았다.

* 소백산, 고창 선운산, 강원도 고성군, 충북 단양군, 경북 영주시, 전남 광양시 등에도 같은 의미를 지닌 도솔봉이 있다.

삼보를 잘 지키는
보개산(寶蓋山)

    부산시 강서구와 경남 창원시 진해구의 경계에 있는 보개산寶蓋山은 해발 478m의 낮은 산이지만, 정상에 서면 남해와 촘촘히 떠 있는 섬과 해안선이 잘 어우러져 가슴이 확 트이는 정경이 있는 여유로운 산이다. 낙동강 하굿둑과 을숙도가 한눈에 보이고 남해 가덕도도 보인다. 북쪽에는 불모산에서 흘러내린 천자봉 줄기가 우람하게 보이며 드넓은 김해평야가 눈에 가득 찬다. 비교적 널리 알려진 산은 아니지만 산 이름에 담긴 뜻이 매우 깊어 전국에 같은 이름의 산이 산재해 있다. 충청북도 괴산군, 강원도 철원, 경기도 안성 등에도 보개산이 있는데, 보개寶蓋는 불법승 삼보三寶의 지붕 구실을 하여 잘 지켜준다는 뜻이다. 즉 불, 법, 승 삼보를 잘 덮어준다는 뜻은 삼보를 호지護持한다는 뜻이다. 삼보는 불교 믿음의 핵심이다. 부처님과 가르침, 가르침을 따르는 무리, 이 세 가지 요소가 있으므로 불교가 성립하는 것이다. 삼보를 잘 지킨다고 함은 바로 불교를 잘 믿고 따른다는 뜻이니 보개산이 지닌 깊은 뜻을 새겨 그 이름이 길이 빛나게 해야 할 것이다. 《인왕경》에 '사자신중충(獅子身中蟲)'이라는 비유가 있다. 사자는 백수의 왕이므로 다른 짐승이 해치지 못하는데, 사자의 몸속에서 생기는 벌레가 사자의 살을 먹는다는 뜻이다. 이는 불교 교단이 외부의 침입 때문에 파괴되는 것보다 내부의 적을 경계하라는 가르침이다. 실제로 불교 교단 내에서의 분규나 불법을 빙자한 잘못된 일들이 삼보를 파괴하는 나쁜 무리로 바로 사자 몸속의 벌레 같은 존재인 것이다.

최근에는 열린 사회가 되어감에 종교 간의 대립이나 파괴는 사회의 손가락질이 되므로 쉽지 않다. 하지만 잘못된 믿음과 어리석음으로 인한 불교 내부의 갈등은 정신적으로도 더 큰 충격을 주고 삼보를 파괴하는 요소이다. 현대 불교사에 있어 계속되는 조계종과 태고종의 분규, 한국 최대 종단인 조계종의 끊임없는 분규는 정말로 많은 사람의 신심을 흔들고, 삼보를 어지럽히는 나쁜 요소이다. 출가할 때의 간절한 마음, 초발심으로 모든 불사에 임하지 않으면 자신의 몸을 갉아먹는 나쁜 벌레로 그 엄청난 인과응보를 어떻게 받으려고 하는지 모르겠다. 불자들은 왜 《인왕경》에 '사자신중충'의 비유가 있는지를 생각해보아야 한다. 특히 출가 수행자는 항상 화두로 삼아야 한다.

오늘날 한국의 선불교가 지나치게 중국 선불교에 종속되어 부처님 본질의 가르침을 놓치고 있다. 법회에서 이야기의 중심은 늘 중국의 선사 이야기, 중국 공안公案 이야기가 차지한다. 일반 대중이 참여하는 일요법회나 가족법회, 대중법회에서 어려운 한자로 된 오도송이 중심이 되고 선사들의 선문답이나 화두 이야기가 주종을 이룬다면, 얼마나 많은 청중이 공감하고 가슴으로 받아들일까 하는 것을 생각해보자. 사회적으로 관심이 많은 큰스님이 열반해도 알아들을 수 없는 열반송으로 끝나는 경우가 많아 모처럼 스님들에 대한 관심을 갖는 일반 국민에게 좋은 가르침을 전할 기회를 놓치고 거리감만 생기게 한다. 참선 수행을 하는 스님들을 대상으로 하는 법회에서야 이러한 점이 문제가 안 되겠지만 일반 대중에게는 아무래도 현실감이 없는 법문이 되는 것이다. 이런 점이 불자들과 일반 국민에게 불교가 어렵고 철학적으로 느끼는 점이라 할 수 있다. 어려움은 무관심으로 이어지고, 신앙에 대한 자신감을 잃게 만들기 때문이다.

언어와 문자는 그 시대정신을 반영하는 생명인데, 아직도 불교계는 고루한 훈습에서 벗어나지 못하고 있다. 신라시대 원효스님이나 고려시대의 지눌스님, 조선시대의 서산, 사명, 진묵스님 등은 그 시대의 모든 국민이 알아듣는 법문을 하고, 모든 이에게 감동을 주는 가르침을 베풀었기에 큰스님으로 역사에 남았다고 생각한다. 시간이 갈수록 매우 빠르게 변해가는 세상 환경에 무조건 따라가자는 것이 아니라, 적어도 한 시대를 사는 대부분 사람이 듣고 공감하고 감동할 수 있는 언어로 부처님의 가르침을 풀어내는 노력이 더욱 필요하다. 이제는 과거의 훌륭한 유산만 자랑할 것이 아니라, 현재와 미래에 대한 책임지는 고등 종교의 역할을 위해 피나는 노력을 해야 할 것이다. 불교학계나 승단에서도 중국과 일본 중심의 종속된 불교문화에 대해 반성을 하고, 원시경전에 입각한 부처님 말씀 중심의 불교문화에 더 큰 노력을 쏟아주기를 바란다.

이외에도 부산시 기장군의 불광산과 금련산 등도 그 이름에 부처님 가르침이 담겨있다.

8부

제주도

바다 위에 떠 있는 이상 불국토,
한라산(漢拏山)

　한라산漢拏山은 제주도 중앙에서 동서로 뻗어 있으며 남쪽은 경사가 급하나 북쪽은 비교적 완만하다. 산의 대부분은 현무암으로 덮여 있으며 산마루에는 분화구였던 백록담이 있는데 고산식물의 보고寶庫로 알려져 있다. 한라산은 높은 절벽과 깎아지른 듯한 비탈, 그리고 얕은 계곡의 기암괴석 등 빼어난 자연경관과 이 산의 명물로 꼽히는 진달래 군락이 또한 아름답다. 그밖에 천자만홍에 덮인 가을의 만산홍엽은 빼놓을 수 없는 경관이며, 유독 눈 속에 잠긴 설경의 한라산은 절경 중의 절경으로 꼽힌다. 한라산은 일 년 내내 찾아오는 신혼부부와 효도 여행을 오는 노부부의 성지와 같은 곳이 되어 또 다른 의미를 만들어 가고 있다. 이제는 국내뿐만 아니라 일본, 중국 등에서 찾아오는 관광객들을 맞으며 위용을 지켜나가고 있다.

　중국 사람들은 동방에 신선들이 사는 봉래蓬萊, 방장方丈, 영주瀛洲의 삼신산三神山이 있다고 믿었다. 그래서 우리나라의 금강산을 봉래산으로, 지리산을 방장산으로 한라산을 영주산으로 믿어왔다. 그만큼 한라산은 예로부터 성산聖山으로 알려져 왔음을 알 수 있으며 한국을 대표하는 산 중의 하나로 알려져 왔다. 중국 진시황이 불로초를

구하기 위해 동남동녀 500명을 보냈다는 이야기도 한라산을 신선들이 사는 이상적인 세계로 생각했음을 보여주고 있다. 한라산에 대한 《동국여지승람》의 기록을 보면 다음과 같이 기술되어 있다.

> 한나漢拏라는 것은 운한雲漢 즉 은하수를 잡아 끌어당길 수拏引 있으므로 한나라 하였고, 두무악頭無岳이라고도 하는데 봉우리마다 모두 평하기 때문이다. 혹은 원산圓山이라고도 하니 둥글기 때문이고 그 산마루에는 큰 못이 있다.

또 다른 설로는 나한(불교의 수행자)이 모여 있다는 의미의 나한산이 한라산으로 바뀌었다고도 한다. 즉, 영실기암靈室奇岩의 오백나한이 수행하는 산이라는 의미에서 나한산으로 부르다가 한라산으로 바뀌었다는 것이다. 한라산 주봉에서 정상으로 오르는 서남쪽에 영실기암은 마치 금강산의 만물상을 방불케 하는데, 몇 가지 전설이 전해져 온다. 먼저 부처님께서 《법화경》 등을 설법하시던 영축산의 모습과 비슷하다고 해서 영실기암이라 이름 붙였다는 것이다. 또 이곳에 모여 있는 기암괴석의 모습이 마치 영축산에서 부처님의 설법을 듣는 500명의 뛰어난 제자들의 모습과 같다고 해서 오백나한상이라는 이름을 붙여 놓았다. 우리가 아침저녁으로 하는 예불문에 나오는 500명의 성인은 부처님께서 설법하실 때 열심히 동참하고 수행하던 500명의 아라한을 말한다. 또 하나의 전설은 500명의 자식과 그 어머니에 관한 전설이 있다.

불법佛法이 융성할 때 수많은 수행자가 한라산 영실 주위에서 구법求

法활동을 했음을 보여주는 자취만 남겨 놓고 있다. 세월이 흘러 이제는 다른 목적으로 한라산을 찾는 사람들이 영실을 넘나들고 있다. 영실에 담긴 제주도의 슬픈 전설이나 불교적 의미는 잊어버린 채, 불로초를 찾으러 온 동남동녀 500명의 후손이라도 되듯 결혼식을 마친 선남선녀가 손을 잡고 자신들의 미래의 행복을 설계하는 곳으로 변해가고 있다. 방향은 약간 다르지만, 한라산은 예나 지금이나 앞으로도 선남선녀가 자신들의 목표를 찾아가는 이상적인 산으로 남을 것이다. 이런 사실을 지켜나가기 위해서라도 우리는 한라산과 영실에 담겨 있는 교훈을 널리 알리고 물질문명에 오염되지 않도록 노력해야 할 것이다.

부처님 맞이하는 곳,
불래(佛來) 오름

　한라산 영실의 백호에 해당하는 곳에 해발 1362m의 '불래오름'이라는 봉우리가 있다. 불래佛來, 즉 부처님이 오신다는 뜻이다. 부처님이 서쪽에서 오시라는 믿음으로 한라산 서쪽의 우뚝 솟은 봉우리에 불래오름이라는 이름을 붙인 것이리라. 그래서 이곳은 부처님 오심을 맞이하는 곳이라는 의미가 강하다. 즉, 희망의 땅이요 기대의 땅인 것이다. 마치 영실의 오백나한들이 부처님 설법을 듣기 위해 늘어서 있는 형상으로 불래오름이 자리하고 있다. 온갖 어려움 속에 사는 인간은 우리를 구원해 줄 빛을 찾게 된다. 그래서 어느 민족이든 간절하게 바라는 자신들의 세계가 있는 것이다.

　제주도 사람들은 어쩌면 한라산을 성산으로 삼아 부처님을 모시고 불국정토를 이루려고 생각했을지 모른다. 그러기 위해서 영축산과 닮았다고 해서 영실이라는 이름을 붙이고 부처님을 기다린다는 뜻으로 불래오름이라는 봉우리 이름을 붙였으리라. 제주도 서남쪽 바다가 내려다보이는 산허리에 굴을 만들어 조성한 산방굴사도 불래오름과 같은 맥락이 아닐까 추정해본다. 날로 정서가 메말라 가는 물질주의 사회에서 이 땅에 사는 우리 불자들은 어떻게 부처님을 기다리고 있는가 생각해보자. 슬기로웠던 조상들처럼 산과 땅에 부처님 이름을 담지도 못하고 개인적인 소원을 바랄 때만 부처님을 생각하고 기도하지는 않는가? 항상 부처님이 이 땅에 오신다는 믿음으로 생활하고 기다리는 신심을 가진다면 우리를 둘러싸고 있는 모든 것이 청정하게 변해가리라.

오백나한이 장엄한
천불봉(千佛峰, 영실오름)

　　제주도 한라산 천불봉은 오백나한이 바위로 변해 서 있는 봉우리이다. 마치 일천의 부처님같이 서 있다고 천불봉이라는 이름을 붙였다. 일천이라는 숫자는 완성체, 완벽한 숫자이다. 관세음보살의 손과 눈이 천개라고 하여 천수천안 관세음보살, 천수경 등의 이름도 이와 같은 뜻이다. 장엄하게 서있는 바위 군락을 마치 부처님 모습 같다고 지은 이름이다. 제주도에는 이외에도 오름 이름에 불교와 관련한 다양함이 있으니 예를 들면 절오름寺岳, 극락오름極樂岳, 성불오름成佛岳, 절물오름, 가사봉袈裟峰, 법정이오름法井岳 등이다.

9부

북한

그리운
금강산(金剛山)

　금강산金剛山은 태백산맥의 북부에 광범위하게 펼쳐져 있는데 폭약 40㎞, 남북 길이 약 60㎞이며, 최고봉은 비로봉(1638m)이다. 우리나라뿐만 아니라 세계적인 명산임은 다시 말해 무엇 하겠는가. 《화엄경華嚴經》 '보살주처품菩薩住處品'에 보면 "바다 가운데 금강산이란 곳이 있는데 예부터 여러 보살이 이곳에 머물고 있다. 지금은 법기法起라는 보살이 있어 1만2천 권속과 함께 항상 머무르며 설법하고 있다"는 대목이 있다. 우리 민족의 최고 자랑인 금강산이라는 이름이 《화엄경》 속에 나오는 산임을 쉽게 알 수 있는 대목이다. 또한, 금강산 1만2천 봉이라는 말도 1만2천의 권속을 의미함을 알 수 있다.

　이제 불교라는 큰 바닷속에서 금강의 의미를 새겨보자. 금강은 어떤 물질보다 강한 다이아몬드이다. 이는 어떤 번뇌와 유혹이라도 깨트릴 수 있는 지혜를 의미하고 있다. 그래서 금강이라는 이름은 불교의 핵심 진리인 지혜를 상징하며 여러 군데 쓰이고 있다. 부처님이 앉으신 자리를 금강좌金剛座 혹은 금강보좌金剛寶座라 하고, 부처님께서 깨달음을 얻으셨다고 해서 얻은 이름인 보리수를 금강수金剛樹라 한다. 대승불교 사상의 요체를 담고 있는 경전으로 많이 독송되는 금강경은 금강의 지혜를 담고 있다. 또한 금강심金剛心이라는 말이 있는데 금강처럼 굳건하여 어떠한 것으로도 파괴할 수 없는 절대적 경지의 마음을 말한다. 즉, 보살의 넓고 큰마음이 확고부동한 것을 금강에 비유한 것이다. 이처럼 금강은 이름 그대로 빛나는 보석이요, 최고의 지혜를 뜻하고 있다. 청춘 남녀가 결혼식에서 다이아몬드 반지를 교환하는 것도 서로의 사랑이 금강석처럼 변하지 말고, 지혜롭게 살자는 뜻임을 아는 사람이 얼마나 될까.

강산에는 여러 경전에 나오는 불교사상이 다양하게 나타나고 있다. 비로자나 부처님의 세계를 나타내는 비로봉毘盧峰, 부처님의 다른 이름인 세존봉世尊峰, 관음봉, 중생의 업業을 비추어보는 명경대明鏡臺, 금강문金剛門, 삼불암三佛巖, 구품대九品臺 등이 있다. 또 장안사, 표훈사, 유점사, 건봉사 등의 명찰과 수많은 암자가 자리 잡고 있고, 예부터 수많은 수행자의 법 자취가 넘치던 우리 민족의 성산(聖山)임을 쉽게 알 수 있다. 여기서 구품대의 예를 들어 설명해보면 불교사상이 금강산 전역에 얼마만큼 많은 영향을 끼치고 있는지 알 수 있다. 구품대는 구품연대九品蓮臺의 준말로 정토에 왕생하는 이가 앉는 9종의 연화대를 이르는 것으로 왕생하는 자의 품위品位에 따라 상품상생上品上生에서 하품하생下品下生까지 9단계가 있으므로 구품연대라고 하는 것이다.

우리가 흔히 쓰는 '품위를 지켜라' 혹은 '품위 유지비'라고 하는 말은 여기서 나온 것이다. 다시 말해 극락정토에 왕생하기 위해서는 번뇌와 미망에서 벗어나 부처님이 일러주신 진리의 말씀을 열심히 공부하고 수행해야 한다는 것이다. 9품은 중생의 수준을 9가지로 나눈 것으로, 《관무량수경》에서는 구품왕생을 밝히고 있다. 이제 9품에 대한 여러 이야기를 살펴보고 우리는 어떤 품위에 해당하고 어떤 품위를 지켜야 하는지 살펴보자.

1) 상품상생上品上生: 자비심이 많고, 생명에 대한 사랑이 지극하다. … 항상 경전을 독송한다. 정토에 왕생할 때 금강대金剛臺를 탄다.

2) 상품중생上品中生: 경전을 항상 독송하지는 않지만 경전 대한 이해는 하는 부류이다. 자금대를 타고 정토에 이른다.

3) 상품하생上品下生: 인과의 법을 믿고 대승사상을 욕하지 않는 무리들. 정토에 왕생할 때 금련대를 이용한다.

4) 중품상생中品上生: 오계五戒를 지키고 8재일을 지키는 사람들로 연화대를 이용한다.

5) 중품중생中品中生: 살면서 단 하루만이라도 밤새워 기도하며 극락세계에 나기를 발원한 사람. 칠보연화를 이용한다.

6) 중품하생中品下生: 부모에 대한 효성심이 깊고 사람들과의 관계에서 인자함이 많은 사람.

7) 하품상생下品上生: 살아가며 악한 업을 많이 짓는 사람. 보련화를 이용한다.

8) 하품중생下品中生: 남이 지키는 계를 훼방하고 절의 물건을 훔치거나 파괴하는 사람. 연화를 이용한다.

9) 하품하생下品下生: 오역죄를 짓거나 열 가지 악을 행하는 사람. 금연화·유여일륜에 앉아 왕생한다.

이상의 구품교주가 바로 아미타불이다.

최근 교육부에서 제시하는 국가 공통목표 평가 방법에서도 상중하를 또다시 상중하로 나누어 9단계로 구분하였다 하니 우연의 일치라고 하겠지만, 중생의 근기에 따라 설법하신 부처님의 가르침이 중생들의 수준에 맞춘 것임을 알 수 있다.

"이름도 아름다워 금강이라네"라는 노랫말처럼 최고의 성산 금강산을 자신이 사는 고장에 두고 싶었던 조상들의 욕심은 전국에 골고루 분포한 소금강小金剛과 해금강이라는 명칭을 통해 알 수 있다. 그만큼 금강산은 우리 민족에게 있어서는 신앙과 같은 존재임을 알 수 있다. 예를 들면, 정선 소금강, 오대산 소금강, 또 속리산, 월출산 등이 소금강이라는 이름을 갖고 있다. 아예 소금강(설악면과 단월면 양평군), 금강산(전남 화순)이라는 이름을 붙인 곳도 있다. 이외에도 각 지방에서 나름대로 빼어난 산은 그 지방의 금강산이라고 부르거나 약간 겸손을 나타내어 작은 금강 즉 소금강小金剛이라고 부른다. 비단 산뿐만 아니라 바다의 절경에도 '바다에 떠 있는 금강'이라는 의미로 해금강이라는 이름을 곳곳에 남기고 있으니 경남 거제도의 해금강海金剛, 삼척의 해금강, 금강산의 해금강 등이다.

금강산이 가진 불교적 의미와 상징성은 평화 통일이 되어 누구나 쉽게 찾을 수 있게 되었을 때 더욱 빛을 발할 것이다. 현재는 일부 관광코스에 따른 개방을 하고 있으나 제한이 너무 많고 진정한 의미에서의 개방이 아니어서 아쉬울 뿐이다. 자연 상태도 너무 많이 훼손되었고, 수많은 불교 지명과 유적들이 잊히고 있다는 사실 등 안타까운 점이 한둘이 아니지만, 불교계가 관심을 두고 금강산의 불교문화유산 복원 운동을 펼쳐나가고 있어 다소 위안이 된다.

휴정 서산대사가 금강산을 유람하며 지은 시 한편 감상해본다.

구선은 허리에 달을 띤 천 길 회나무요

숲에 가리운 맑은 비파 소리는 여울 물소리와 같네

– 지봉유설

청정 법신 비로자나 부처님 세계,
비로봉(毘盧峰)

아름다운 금강산金剛山의 주봉主峰인 비로봉은 청정법신 비로자나 불에서 이름을 따왔다. 해발 1638m로 금강산 1만2천 봉 중 최고봉인 데 금강산 연봉의 중앙에서 약간 서쪽으로 치우쳐 있다. 동쪽으로 일 출봉日出峰·월출봉月出峰, 서쪽으로 영랑봉永郎峰·능허봉凌虛峰, 북쪽으로 마석암磨石岩, 남쪽으로 석가봉釋迦峰·지장봉地藏峰 등에 둘러싸여 있으며, 정상에 오르면 발아래 1만2천 봉이 내려다보이고 삼천세계 三千世界가 손바닥 속에 들어오는 듯한 느낌이 들게 한다. 석가봉, 지 장봉 등과 함께 부처님, 보살님 이름으로 장엄한 봉우리이다.

비로봉에서 차일봉遮日峰을 연결하는 능선의 서쪽을 내금강內金剛, 그 북동쪽 지역을 외금강外金剛, 남동쪽 지역을 신금강新金剛으로 구분한다. 내금강은 금강산 관광의 앞문 역할을 하는데, 명소로 장안사長安寺·명경 대明鏡臺·장군대將軍臺·표훈사表訓寺·정양사正陽寺·마하연암摩訶衍庵·중향성 衆香城 등이 있다. 법신사상法身思想에는 청정법신 비로자나불, 원만보신 노사나불, 천백억화신 석가모니불사상이 있는데 이를 3신身사상이라고 한다. 비로자나불은 부처님의 진신眞身을 나타내는 말이다. 즉, 부처님이 가진 본래의 맑고 맑은 성품을 나타내는 말로 청정법신 비로자나불이라고 하는 것이다. 부처님의 진신을 나타내는 거룩한 말이므로 금강산, 속리산, 소백산, 오대산, 무등산, 치악산, 광교산 등 주요 명산의 주봉에 비로봉이라는 이름을 붙인 것이다.

온갖 보배로움으로 중생의 마음을 즐겁게 하는
칠보산(七寶山)

　함북 명천군 상고면上古面 중앙에 솟아 있는 칠보산七寶山(894m)은 길주 명천지구대 동쪽에 있는 화산대에 있는 산이다. 백두화산맥白頭火山脈에 속하는 화산군으로 현무암,알칼리성 조면암, 알칼리성 화강반암 등의 화산암으로 형성된 제3기의 화산지이다. 칠보산을 주봉으로 하여 남서쪽에 옥태봉玉泰峰(774m), 북서쪽에 천불봉天佛峰(663m)이 있다. 예로부터 함북8경의 하나인 경승지이며, 기암괴석과 수려한 산세 등으로 함경의 금강산金剛山이라 부른다. 북서쪽 사면의 개심사開心寺는 고려시대에 창건한 관북 사찰의 총본산이며, 기봉奇峰, 괴석으로 이루어진 산 오른편에는 '제일강산'이라는 큰 글자를 새긴 바위와 금강암, 삼부도三浮屠, 일문암 등의 불교 명승이 있다.

　《법화경》,《금강경》,《무량수경》등 불교 주요 경전에 칠보七寶라는 이름이 자주 등장한다. 칠보는 인간이 귀하게 여기는 일곱 가지 보물로 금, 은, 유리, 파리(수정), 차거, 적주, 마노 등을 말한다. 칠보의 의미는 인간이 가장 보배롭게 생각하는 보석들을 명명함이니 조상들은 이 땅의 아름다운 산에 최고의 찬사인 칠보산이라는 명칭을 붙인 것이다. 얼마나 빛나게 아름답기에 칠보산이라 하였을까. 직접 확인해보지 못하는 현실이 안타까울 뿐이다. 얼마 전 텔레비전을 통해 잠시 본적이 있지만, 아직 그 아름다운 산세를 유지하고 있다니 정말 다행이다. 이제 머지않아 평화 통일이 되면 우리 모두 칠보산으로 달려가 '부처님 사상으로 장엄된 진정한 칠보산의 의미를 되살려 놓아야 한다.

바닷가의 절경에는 해칠보海七寶라는 이름을 달아놓았다. 땅 위의 칠보에 버금가는 바다 위의 칠보를 불교적 사상으로 장엄해 놓은 선조들의 지혜에 놀라울 뿐이다. 자연 하나하나에 담겨 있는 아름다움을 찾아내고 거기에 불교사상을 담은 이름을 맞춰낸다는 것은 결코 쉬운 일이 아니다. 자연의 멋과 불교사상의 재현을 이루어 내어야 할 역사적 책임을 느껴야 할 것이다. 그럴 때 부처님께서 말씀하신 보물의 의미를 작금에 맞게 창출해내야 함이 이 시대를 사는 불자로서 해야 할 도리임을 잊지 말자.

* 칠보산: 경북 울진군 온정면, 충북 괴산군, 전북 정읍시, 경기도 수원시에도 있다.

솔향기 그윽한
묘향산(妙香山)

　평북 영변군·희천시와 평남 영원군·덕천군(현 자강 희천시와 평북 향산군)의 경계에 있는 묘향산妙香山(1909m)은 묘향산맥의 주봉을 이루며 예로부터 한국 4대 명산의 하나로 꼽혔다. 묘향산은 산수가 아름다울 뿐 아니라 수많은 사찰(360여 암자)이 있었던 것으로도 유명하다. 1592년(선조 25) 일본군이 침입하자 절에 있던 73세의 서산대사西山大師는 전국에 격문을 보내 의승義僧이 일어나도록 독려하였으며, 자신은 묘향산을 중심으로 의승을 모아 평양전투에 직접 참여하기도 하였다. 산 중턱에는 한국 5대 사찰의 하나로 꼽혔던 보현사普賢寺가 있으며 크고 작은 40여 동의 본사말암本寺末庵이 울창한 밀림 속에 자리 잡고 있었다 한다. 옛 절이 잘 보전되고 있으리라 믿고 싶지만, 현실은 안타깝게도 몇몇 절만 유지하고 있는 것으로 알려져 있다. 오랜 역사의 단절 속에 그 자취라도 남아 있기를 간절히 발원해본다.

　또한 단군檀君이 강탄降誕하였다는 단군굴檀君窟도 있는 것으로 알려져 있다. 단군에 관한 유적은 북한 쪽이 잘 보존하고 있으리라 기대된다. 불행히도 이 땅에서는 단군의 자손들이 스스로 단군 역사를 부정하고 부끄러운 행태를 자행하고 있다. 각급 학교에 교육적으로 설치된 단군상을 우상숭배라는 이유로 파괴하는 집단이 있는 것이다. 해당 학교의 교장 선생님들이 일간신문에 공동 성명문을 발표하는데도, 무슨 보지 못할 괴물이라도 되는 것처럼 도끼질하고 있다니 얼마나 안타까운 일인가. 민주적인 대화와 지성으로 해결하는 모습을 보여주어야 한다. 순수하고 깨끗한 학생들 앞에서 최소한의 양심을 보여주어야 한다.

묘향산은 그 이름에서도 그 가치를 찾을 수 있는 산이라 하겠다. 산 이름에 자신의 몸을 태우며 향 내음을 내는 한줄기 향의 정신을 감추고 있다. 불교에서 묘(妙)자는 산스크리트어로 sat이며 불가사의 不可思議의 뜻이 있다. 상대적으로 비교할 수 없는 존재 혹은 우수하여 특출한 것을 나타낼 때 묘妙자를 앞에 붙인다. 예를 들면 많은 경전이 있지만 유독 《법화경》 앞에 묘법妙法을 붙여 《묘법연화경》이라 한다든지, 길상 앞에 묘자를 붙여 묘길상보살, 묘법선(妙法船: 생사의 바다를 건너는 불가사의한 부처님 법을 의미함), 묘법륜(妙法輪: 부처님이 전한 법륜이 불가사의함을 나타냄) 등으로 표현하는 것이다.

묘향은 세상의 썩은 냄새를 사라지게 하고 모든 이들의 가슴에 상큼함을 주는 향香이니 묘향산에서 서산대사와 같은 위대한 구도자가 탄생한 것이리라. 묘향산의 정기가 되살아나 어려움에 빠져있는 북녘 동포를 구할 지도자가 북녘땅 묘향산에서 탄생하기를 발원해본다. 아울러 남북통일의 실마리도 묘향산과 금강산과 같은 명산의 기운에서 시작되었으면 한다. 서산대사 등 나라가 어려울 때마다 구국에 앞장섰던 스님들이 많이 모여 수행했던 묘향산, 통일 이후 한민족의 발전을 기원하는 많은 수행자의 발길이 닿는 훌륭한 도량으로 다시 빛나기를 발원해본다.

산을 좋아하는 사람은 동경의 산으로 생각했다. 서산대사의 말씀을 새겨보자

금강산은 수려하나 장엄하지 못하고(秀而不壯)
지리산은 장엄하나 수려하지 못하지만(壯而不秀)
묘향산은 장엄하고도 수려하다(壯而亦秀)

사명대사 유정스님이 묘향산에 올라 지은 시 한 수를 소개한다.

만국의 도성은 개미집 같고
천하의 호걸은 하루살이 같네
창틈에 스며드는 달빛 베고 누우니
무한한 솔바람 소리 비교할 것 없네

높은 곳에 올라 사물 밖에서 티끌 세계를 굽어보며 생각한 것을 읊은 시이다.

'성불사의 밤'으로 유명한
천성산(千聖山)

　황해도 황주군 주남면에 있는 천성산千聖山은 가곡 '성불사의 밤'으로 유명한 성불사가 있는 산이다. 천성산은 한국의 서쪽을 지키는 관문의 형상이기 때문에 '정방正方'이라고 부르고 정방산이라고도 부른다. 도선국사에 의하면 천성산은 '진호鎭護의 땅'이어서 이곳에 성불사라는 절을 짓고 천명의 스님들이 머물게 하였다. 천성산이라는 이름에 담겨 있듯이 천명의 성인을 모신 거룩한 산이라는 의미를 부여한 것도 이 산이 우리나라 서쪽의 관문이라는 생각에 그 이름으로 비중을 둔 것이다. 천성산이라는 이름에서 천이라는 숫자는 무한無限의 의미를 상징하기도 한다.

　우리나라에서 많이 지송하는 천수경의 천수도 무량한 관세음보살의 자비의 손길을 천수천안(千手千眼)으로 표현한 것이다. 그러므로 천성산의 의미는 무량한 선지식이 출현하는 곳이라는 의미가 담긴 것이다. 오래전에 법타스님이 북한 동포를 돕기 위해 불교계에서 천성산 성불사 인근 사리원에 '금강 국수 공장'을 세워 자비행을 실천했으나 지금은 모두 중지된 상태이다. 통일이 되면 수많은 성인들이 모인다는 의미의 산 이름에 걸맞게 남쪽의 성스러운 불심佛心이 천성산으로 모여야겠다.

'성불사 깊은 밤에 그윽한 풍경소리 주승은 잠이 들고 객이 홀로
듣는구나…'라는 가사처럼 풍경 소리에 잠 못 이루어도 좋으니 이
곳 천성산에서 수많은 대중이 모여 가부좌를 틀고 앉을 수 있는
날이 오기를 기원해본다.

'성불사의 밤'과 '금강 국수 공장'이 조화를 이루어 이름 그대로 성인
들의 집결지가 되어 평화 통일의 원동력이 되기를 발원해본다. 그래
서 통일이 된 후에는 수많은 불자들이 함께 모여 부처님의 가르침을
함께 배우고 실천하는 곳이 된다면 천성산이라는 이름이 다시 그 빛
을 찬란하게 발하리라.

피어나는 연꽃,
부용봉(芙蓉峰)

　평안북도 회천군에 있는 해발 1432m의 산봉우리로 기암절벽과 아름다운 폭포가 있는 아름다운 산이다. 부용이라는 이름은 불교를 상징하는 연꽃을 말함이니 부용봉이라는 이름대로 아름다운 산인 것이다. 아침 이슬을 머금은 채 막 피어오르는 연꽃 봉우리는 보는 이로 하여금 얼마나 가슴 설레게 하는가. 여기 부용봉의 산세가 마치 이제 막 피어나는 연꽃 같다고 볼 수 있었고 격에 맞는 이름을 지을 수 있었던 선조들의 빼어난 미적 감각에 자부심을 느낀다. 다만 직접 찾아가서 확인할 수 없는 아쉬움에 평화 통일의 그 날을 기다려 볼 뿐이다. 연꽃의 정신은 어느 곳에서든 환경의 지배를 받기보다 적극적으로 주체적 환경을 만들어 간다는 수처작주(隨處作主)의 정신이다. 단순히 겉모습만 아름다운 것이 아니라 연꽃이 지닌 정신이 아름답고 우리 인간에게 무한한 힘을 주고 있다. 최근에는 아름다운 연꽃을 보기가 쉽지만은 않다.

　우리 조상들은 산 이름에 연꽃을 붙여 연꽃의 정신을 기렸고, 종이로 만드는 연꽃등을 통해 연꽃 정신을 배우려 노력했다. 부처님 오신 날에 즈음해 만드는 연등에도 수처작주의 정신을 일깨우자는 깊은 뜻이 있는 것이다. 연꽃은 색에 따라 홍련, 청련, 백련 등이 있는데, 부처님에 비유되기도 한다. 이 중에서 석가여래 부처님은 무량한 자비를 지닌 빼어난 흰 연꽃이라는 뜻으로 '자비의 백련화'라고 한다. 중생들이 사는 오탁악세에서 중생을 제도하기에 백련白蓮으로 표현된 것이다.

온 중생의 가슴에 비치는 부처님 얼굴,
구월산(九月山)

　구월산九月山은 황남 은율군과 안악군의 경계에 있는 해발 954m의 산이다. 이 산의 본래 이름은 궁홀산弓忽山이었으나, 후에 궐산闕山이라 하다가 다시 현재의 이름으로 고쳤다고 하며, 단군檀君이 도읍을 옮긴 후 은퇴한 아사달산阿斯達山이 바로 이 산이라는 설이 있다. 환인桓因, 환웅桓雄, 단군을 모시는 삼성사三聖祠와 단군대ㆍ사왕봉思王峰 등 단군의 신적神蹟이 남아 있다. 고려시대에는 불교의 중심지를 이루어 많은 절이 있었으나, 세월이 흐르면서 많이 사라졌다. 무성한 삼림과 계곡을 흐르는 물이 한데 모여 용연폭포龍淵瀑布의 절경을 이루며, 부근에는 송화, 신천 온천 등이 있다. 대표적인 절로는 신라 애장왕哀莊王 때 건립된 패엽사貝葉寺가 남아 있다. 또한 한국전쟁 때 반공 의용군이 이곳을 본거지로 삼아 북한군에 대항하여 유격전을 벌인 전적지이기도 하다.

　조선시대에는 임꺽정의 활동무대로 널리 알려지기도 했던 구월산은 어떤 의미가 담겨 있을까. 구월은 수많은 달, 즉 '부처님의 진리'가 가득 찼다는 의미가 있다. 즉, 온 산에 부처님 진리의 법륜法輪이 가득 찼으므로 구월산이라 한 것이다. 〈월인천강지곡〉에서 천강千江

즉 모든 강물에[모든 중생의 마음에] 두루 평등하게 비치는 달[부처님 자비광명]을 노래한 것처럼 온 산에 부처님 자비광명이 가득하다는 뜻으로 구월산이라 이름 붙인 것이다. 달과 강은 불교 경전에서 비유로 많이 인용되고 있는 상징적인 언어이다. 의식에 자주 이용하는 장엄염불 중 천강유수천강월(千江有水千江月)이라는 구절이 있다. 법신불法身佛로 비유된 달이 모든 강에 두루 비친다는 뜻이다.

그렇다. 강물이 맑고 잔잔하면 하늘의 달이 물속에서 같이 빛나지만, 강물이 탁하고 흔들리면 아무리 밝은 달도 비추어지지 않는다. 중생들은 자신들의 욕망을 비우지 않고 새 복福을 얻기 바란다. 더러운 물이 가득한 그릇을 비우지 않고 새 물이 되기를 바라는 것과 같다. 결국, 구월산이 주는 가르침은 명확하다. 저 하늘에 달이 항상 떠 있지만, 날씨나 빛의 차이 때문에 보지 못하고 달이 없다고 쉽게 말하는 중생의 소견을 깨우쳐 주는 것이다. 달은 항상 차별 없이 빛을 주고 있건만 중생이 근기에 따라 말하는 것이다. 남을 이야기하지 말고, 주위를 말하지 말고 자신을 돌아보는 지혜도 필요하다. 매스컴이 발달하고 수많은 정보를 나누면서 더욱 진리를 바로 보는 안목들이 가려지기 때문이다. 마음의 문을 열 때 밝은 달빛이 우리 모두의 가슴에 내려앉는다.

깨달음의 세계,
보리산(菩提山)

황해도 선천에 있는 보리산菩提山이 자리 잡고 있다. 보리산의 보리菩提는 산스크리트어 bodhi의 음역으로 깨달음, 깨달음의 지혜를 말한다. 우리는 너무 쉽게 깨달음을 이야기하지만, 사실은 부처님의 깨달음이 진정한 깨달음이다. 부처님의 깨달음은 최상의 궁극적인 깨달음이므로 '아뇩다라샴막삼보리'라고 부르며, 번역하여 무상정등정각無上正等正覺, 무상보리無上菩提라고 한다.

《지도론》 권53에는 부처님의 다섯 가지 보리에 관해 이야기하고 있다.

첫째는 발심보리發心菩提로 보살이 깨달음을 얻기 위해 발심(마음을 내는 것)하는 것

둘째는 복심보리伏心菩提로 모든 번뇌를 누르고 모든 바라밀을 행하는 것

셋째는 명심보리明心菩提로 제법실상(우주의 진리)을 깨달은 반야바라밀을 행하는 것

넷째는 출도보리出到菩提로 반야바라밀에 의한 방편력을 얻었지

만 번뇌를 끊어서 일체지에 이르는 것

다섯째는 무상보리無上菩提로 불과佛果의 각지覺智이다.

대부분의 종교는 절대신과의 만남을 추구한다. 불교는 자신의 수행에 의한 깨달음을 성취함을 궁극 목적으로 삼는다. 자연히 깨달음의 세계를 표현하는 언어가 많이 등장한다. 하지만 어떤 언어로 깨달음의 세계를 표현할 수 있겠는가. 하지만 자상한 부처님의 가르침에는 중생을 차례대로 깨달음의 세계로 안내하고 있다. 위의 다섯 가지 보리를 보면 단계적인 깨달음을 보여주고 있다. 현대적인 표현으로 바꾸어 보면,

첫째 자신의 목표를 세우고 할 수 있다는 의지를 굳게 세우는 것이 발심보리이다.

둘째 온갖 어려움과 유혹을 잘 이겨내고 내 마음을 항복 받고 내 뜻대로 조절할 수 있는 단계를 말한다.

셋째 명심보리는 세상을 보는 눈이 열리고 다양한 경험과 가치관으로 실천하는 단계에 도달함을 말한다.

넷째 물 흐르듯이 자연스럽게 마음을 움직일 수 있는 단계이다.

다섯째 최종적인 목적지에 도달함.

선재 동자가 오십한 번째로 미륵보살을 찾아가, 보살행에 필수적으로 갖추어야 할 마음의 준비가 무엇이냐고 물었을 때, 때 묻지 않은 진심眞心과 지혜가 가장 중요하다고 하면서, 보리심에 대해 다음과 같

이 이야기한다.

보리심은 모든 부처님의 종자다. 모든 부처님의 법을 낳게 하므로.

보리심은 대지다. 이 세상을 받쳐주므로.

보리심은 맑은 물이다. 온갖 번뇌의 고통을 씻어주므로.

보리심은 큰바람이다. 그 어떤 것에도 거리낌이 없으므로.

보리심은 타오르는 불이다. 온갖 삿된 소견과 애욕을 태워버리므로.

보리심은 맑은 눈이다. 바르고 그릇된 길을 낱낱이 가려보므로.

보리심은 문이다. 모든 보살의 행에 들어가게 하므로.

보리심은 인자한 어머니다. 보살들을 기르고 감싸주므로.

보리심은 큰 바다다. 온갖 공덕을 다 받아들이므로.

수행의 종교, 자신의 의지와 노력으로 스스로 깨달음을 얻도록 가르치는 불교에서는 이렇게 다양한 깨달음에 대한 단계가 많을 수밖에 없는 것이다. 이외에도 보리가 들어가는 말로는 보리심菩提心, 보리수菩提樹, 보리도량, 등이 있다.

우주의 중심,
수미산(須彌山)

수미산須彌山은 산스크리트어 Sumeru의 음역이며, 묘고산妙高山, 묘광산妙光山이라고 옮긴다. 고대 인도의 세계관은 우주 한가운데 수미산이 있고, 그 주위를 일곱 산과 여덟 바다가 둘러싸고 있다고 생각했다. 그러므로 수미산은 세계의 중심을 뜻하게 되어 수미산을 기준으로 세상을 나누었다. 우리 인간이 사는 세상은 수미산 남쪽에 있으므로 남섬부주라 불렀다. 사찰 대웅전 가운데 부처님을 모시는 단을 수미단이라고 한다. 경전에서 수미산은 다양하게 표현된다. 먼저 부처님을 찬탄하는 부분은

> 흔들림이 없으심은 수미산과 같으시네

크기를 나타낼 때는

> 다시 모든 중생을 적멸도에 들게 하사
> 수미산 같은 번뇌 불살라 주옵시네.

이런 표현들을 통해 수미산은 최고의 산으로 인식되고 있음을 알 수 있다. 우리 조상들은 이런 어마어마한 수미산조차도 이 땅에 두고 싶었는지 황해도 해주 땅에 수미산이라는 산 이름을 붙였다. 또 경남 밀양에도 수미봉이라는 이름을 배치했다. 고려 초 구산선문의 하나인 수미산문이 바로 해주 땅 수미산 광조사에서 이엄국사에 의해 열린 것이다.

검소함의 상징 수행자의 옷 가사,
가사산(袈裟山)

　덕양 북쪽에 있는 가사산袈裟山은 지금도 그 이름을 잘 보존하고 있는지 궁금하나 〈대동여지도〉에 그 이름이 있으니 아직도 있으리라는 확신을 해본다. 사실 북한 쪽의 자료는 너무 부족해서 확인하기가 쉽지 않다. 금강산, 묘향산, 칠보산 등의 유명한 산 외에는 어떤 이름으로 바뀌었는지 확인하기 어렵다. 남북 화해 분위기로 자유롭게 통행할 수 있는 날을 기다려 본다. 가사는 산스크리트어 kasaya를 음역한 것으로 수행승이 입는 옷을 말한다. 가사는 원래 입지 않는 버린 옷들을 재활용하여 수선한 옷으로 여러 천을 기워서 만든 검소함의 극치를 보여주는 옷이다. 부처님 당시는 이러한 가사 한 벌로 평생 수행하는 것이 보통이었다. 입지 못할 만큼 떨어지면 걸레로 사용하고, 걸레로써 사용하기 어려워지면 흙에 이겨 집 짓는 재료로 사용해야 한다는 가르침이 경전에 나온다.

　가사는 더운 지방에서 몸을 가리는 정도의 옷이었으나, 중국, 몽고, 한국, 일본 등지에서는 추운 날씨 때문에 장삼을 입고 그 위에 가사를 걸치는 형식으로 발전했다. 그리고 가사는 불교의 전법傳法을 상징하게 되어 스승이 제자에게 법을 전할 때 가사와 바루를 상징적으로 전하게 되었다. 중국 선불교의 꽃을 피운 6조 혜능선사가 5조 홍인대사의 가사와 바루를 받아서 멀리 남쪽으로 떠나는데, 혜명을 비롯한 신수대사 쪽의 스님들이 가사를 빼앗으려 했다는 사실은 가사의 상징적 의미를 잘 보여주는 예이다. 한국의 사찰에서도 스님에 대한 각종 불사 중에 가사 불사를 으뜸으로 치는 이유도 여기 있다. 신도들이 정성껏 지어 바치는 가사를 받으시고 '부디 속히 깨달음을 성취하십시오. 그리하여 저희에게도 부처님 가르침을 전해주십시오.'라는 청원의 의미가 있는 것이다.

경전에 의하면 가사의 열 가지 좋은 점을 나열하고 있는데, 오늘에서도 변함이 없음을 상기하고 가사가 주는 가르침을 가슴에 새겨야 한다.

1) 몸을 가려 주고 부끄러움을 없애준다.

2) 추위와 더위를 조절해주고, 독충 벌레 등으로부터 보호해준다.

3) 수행자의 모습을 나타내주므로 좋은 마음을 생기게 한다.

4) 사람의 세상과 하늘 세상을 통틀어 진귀한 모습을 나타내므로 범천梵天의 복福을 내게 한다.

5) 가사를 입는 공덕으로 모든 죄가 없어진다.

6) 탐욕심이 일어나지 않는다.

7) 나쁜 번뇌를 끊고 좋은 복전福田을 짓는다.

8) 죄(罪)가 없어지며 열 가지 선善이 생겨난다.

9) 깨달음의 싹이 점차 늘어난다.

10) 마치 갑옷과 같아 나쁜 번뇌의 화살이 뚫고 들어오지 못한다.

가사장삼은 단순한 옷이 아니라 수행하고 포교하는 스님을 나타내는 말이다. 다양한 욕망을 가사 한 벌로 없애고 수행 정진하면 위와 같은 좋은 점이 생기는 것이다. 특히 열 번째, 갑옷과 같아 세상의 나쁜 번뇌를 막을 수 있다고 한 부분은 승가의 정신을 잘 보여주는 항목이다.

한편 가사를 입는 정신은 오늘날 경제 정신과 환경 문제에도 훌륭한 가르침을 주고 있다. 즉, 독일 같은 선진국의 국민도 옷을 검소하게 입고 함부로 버리지 않는다고 하니 불교의 '가사' 입는 정신을 바탕으로 부처님의 가르침에 부합하는 실천을 하는 셈이다. 반면에 한국 사회, 특히 중산층 이상 되는 가정에서는 몇 번 입지 않고 버리는 옷이 너무 많다. 웬만한 아파트에는 헌 옷을 수집하는 커다란 상자가 복도에 놓여 있고, 상자 속에는 너무도 멀쩡한 옷들이 버려진다. 동양의 좋은 가르침을 서양인들이 잘 실천하고 있는가 하면, 그 가르침을 잘 실천해야 할 사람들이 의식 없는 소비생활을 하는 것이다.

* 가사산은 덕양 북쪽에 있는 산이다.(〈대동여지도〉 기록)

천불 천탑을 조성하고 인연을 기다리는
천불산(千佛山)

　함경남도 신흥군에 있는 천불산千佛山은 산꼭대기에 부처님의 형상과 같은 바위가 무수하게 늘어서 있으므로 천불산이라 하였다 한다. 신라 말에는 도선스님이 산에 쌓아 놓은 탑이 천 개나 된다고 하여 천탑산千塔山이라 불렀다가 고려 때 지공법사가 다시 천불산으로 명명하였다. 천불산에는 아미타불 고개, 불암동 등의 불교용어로 된 지명이 많아 천불산이라는 이름과 부합하고 있다. 우리나라의 북쪽에만 천불산이 있는 것이 아니라, 남쪽에도 천불산이 있으니 바로 전남 화순 운주사가 자리 잡은 천불산이다. 역시 이곳도 천불 천탑의 전설이 있고 아직도 그 역사적인 불상과 탑이 부분적으로 남아 있다. 결국, 남쪽과 북쪽에 각각 천불산을 배치하고 천불 천탑을 조성한 스님의 깊은 배려가 엿보인다.

* 강원도 철원군과 전남 화순군, 함흥 서쪽 장진군 등에 천불산千佛山이 있다.

연화장 세계를 이 땅에,
화장산(華藏山)

황해도 장단 북쪽에 화장산華藏山이 있다. 화장은 연화장세계를 줄여서 부르는 말이다. 그러므로 화장산은 연화장세계를 의미한다. 《화엄경》에서 연화장세계는 비로자나 부처님의 행원行願에 의하여 만들어진 장엄한 국토이다. 매우 잘 설계된 우주 공간이다. 간절함과 정성으로 만들어진 세상이다. 무궁무진한 가능성과 드러나지 않는 능력을 최대한 발현시켜 만들어진 세계이다. 이런 곳을 인드라망이라고 한다. 서로서로 좋은 가치를 나누고 증폭增幅한다.

예수가 떡 5개와 물고기 2마리로 5천 명을 먹였다는 기적적인 사건을 표현한 오병이어五餠二魚가 가능한 세계이다. 잎이 마른 나무 밑에 앉아서 적군을 돌려세워 전쟁을 막은 부처의 지혜가 넘쳐나는 세상이다. 하늘을 나는 새와 땅 위의 동물, 식물, 물속의 생명 모두 함께 어우러져 행복한 삶을 살 수 있는 곳이 연화장세계이다.

현실에서 연화장세계를 찾을 가능성은 있지만, 인류의 끝없는 욕망이 이를 불가능한 상상의 세계로 만들 뿐이다.

넓은 바다가 내다보이는 마을 뒷산을 화장세계로 그리워한 넉넉한 마음이 그리울 뿐이다.

∧
참고문헌

《한국지명의 신비》, 김기빈, 지식산업사, 1989

《한국의 지명유래 3》, 김기빈, 지식산업사, 1990

《산과 한국인의 삶》, 나남, 1993

《한국고지명사전》, 전용신, 고려대 민족문화연구소, 1993

《산경표를 위하여》, 산악문화, 1995

《산경표》, 박용수, 도서출판 푸른산, 1995

《청소년을 위한 택리지》, 이중환, 한국과학문화재단 편, 1997

《산경표》, 현진상, 풀빛, 2000

《거기에 산이 있었네(1·2)》, 손치석, 얼과알, 2000

《천년산행》, 박원식, 크리에디트, 2007

《불교학대사전》, 홍법원, 1988

네이버 백과